창의적 글쓰기 100일의 기적

Take Ten For Writers by Bonnie Neubauer
Copyright ⓒ F&W Publications, Inc., U.S.A.
All rights reserved

Korean Translation Copyright ⓒ 2012 by NEXUS Co., Ltd.
Korean edition published by arrangement with F&W Publications, Inc.
through Greenbook Literary Agency.

이 책의 한국어 출판권은 저작권 에이전시 그린북을 통해 F&W Publications, Inc.와의
독점 계약으로 ㈜넥서스에 있습니다. 저작권법에 의해 한국 내에서 보호를 받는 저작물이므로
무단전재와 무단복제, 전송, 배포 등을 금합니다.

창의적 글쓰기 100일의 기적

지은이 보니 노이바우어
옮긴이 전소현
펴낸이 임상진
펴낸곳 (주)넥서스

초판 1쇄 발행 2012년 1월 30일
초판 8쇄 발행 2016년 8월 30일

2판 1쇄 발행 2017년 8월 30일
2판 2쇄 발행 2017년 9월 5일

출판신고 1992년 4월 3일 제311-2002-2호
10880 경기도 파주시 지목로 5
Tel (02)330-5500 Fax (02)330-5555

ISBN 979-11-6165-109-5 13800

출판사의 허락 없이 내용의 일부를
인용하거나 발췌하는 것을 금합니다.

가격은 뒤표지에 있습니다.
잘못 만들어진 책은 구입처에서 바꾸어 드립니다.

이 책은 『창의적 글쓰기』의 개정판입니다.

www.nexusbook.com
넥서스BOOKS는 넥서스의 실용 전문 브랜드입니다.

하루 10분, 글쓰기 100일 습관

창의적 글쓰기 100일의 기적

보니 노이바우어 지음 전소현 옮김

넥서스BOOKS

● 작가의 말

픽션이든 논픽션이든 멈추지 말고 써라!

　위의 그림은 뉴턴의 요람이다. 뉴턴의 법칙은 물리학의 원칙을 증명하는 데 사용된다. 그러나 나는 글이 잘 써지지 않는 상황이 발생했을 때 장애물을 극복하는 법에 대해 이 법칙을 이용하여 설명하려고 한다.
　과학 시간에 우리는 관성에 대해 배웠다. 과학 시간에 딴청 피운 사람을 위해 다시 설명하면 관성은 외부에서 어떤 힘이 가해지지 않는 이상 어떤 물체가 멈춰 있으면 계속 멈춰 있으려고 하고 움직이고 있으면 계속 움직이려고 하는 성질을 말한다. 그림을 보면 뉴턴의 요람은 움직이고 있다. 마찬가지로 작가도 계속 글을 써야 한다. 펜을 잡고 있거나 요람의 끝에 있는 공을 잡아당길 때 그것은 이미 무언가를 시작했다는 것을 의미한다. 그림의 첫 번째 공을 움직이는 것은 종이에 첫 글자를 쓰는 것과 같다. 공을 놓으면 공이 움직이면서 그 옆에 있는 공을 친다. 두 번째 공은 그 옆의 세 번째 공을 치고 그렇게 해서 마지막 공까지 치게 된다. 마지막 공까지 쳤을 때 그 마지막 공은 원래 있던 자리를 벗어나게 된다.

이 공 속에 흐르는 에너지를 운동 에너지라고 한다. 마지막 공이 돌아와 다시 앞 공을 치면 운동 에너지는 차례로 모든 공에 흐르고 결국 다시 첫 번째 구슬이 움직이게 된다. 이렇게 앞으로 갔다 뒤로 갔다 하는 에너지의 흐름은 외부적인 힘이 가해져 멈추지 않는 한 계속된다. 글을 쓰는 것도 이와 마찬가지이다. 당신이 계속 무언가를 쓰는 한 하나의 단어가 문장으로 이어지고 문장은 단락으로 이어지면서 글쓰기는 유지될 것이다. 관성의 법칙에 따르면 일단 글을 쓰기 시작하면 스스로 쓰는 것을 멈추지 않는 한 관성은 당신으로 하여금 계속 무언가를 쓰게 만든다.

  반대로 마찰은 모든 움직임의 적이며 그에 대응하는 움직임을 제한하는 힘이다. 작가로서 글을 쓴다는 것은 픽션이나 논픽션을 쓰는 것이 목적이지 결코 마찰이 목적은 아니다. 마찰은 바로 작가 내면 안에 존재하는 평론가 또는 심판관, 완벽성에 대한 집착, 다른 글과의 비교, 백지를 채워야 한다는 공포, 무엇을 써야 할지 모르는 기분, 자신을 신뢰하지 못하는 마음, 다음 단계로 나아가지 못하는 난감한 상태, 사람들의 비난에 대한 두려움 등을 말한다.

  글을 더 이상 쓰지 못하는 상황에 처했을 때 가장 좋은 해결책은 펜을 쥐고 이 책에서 알려 주는 대로 연습하는 것이다. 이 책은 기발한 글쓰기 방법을 소개함으로써 어떤 글이든 재미있게 쓸 수 있도록 설계하였다. 이것을 노이바우어의 요람이라고 생각하면 된다. 그럼 지금부터 글쓰기를 시작해 보자.

- 보니 노이바우어

이 책을 활용하는 방법

이 책은 당신이 계속 글을 쓸 수 있도록 동기를 부여해 주고 글을 쓰는 사람들이 겪는 무기력과 좌절을 막기 위해 설계하였다. 연습문제는 하루 10분씩 100일 동안 할 수 있으며 하나의 지시문에는 각 10개의 연습문제가 있어 총 1000번의 글쓰기를 시도할 수 있다.

1단계 ▶ 지시문을 읽는다.

2단계 ▶ 1~10 중 하나의 숫자를 선택한다.

3단계 ▶ 당신이 선택한 숫자에 해당하는 목록을 본다.

4단계 ▶ 문장이 지시하는 바를 따라 10분 동안 글을 쓴다.

5단계 ▶ 글쓰기 팁을 읽는다.

글쓰기 연습 때 꼭 기억해야 할 규칙

여기에서 설명하는 규칙은 실제로 내가 글을 쓸 때 그대로 적용하는 규칙이다. 당신이 규칙을 잘 따르는 사람이든 규칙에 관계없이 자유롭게 글을 쓰는 사람이든 다음 규칙들은 모두에게 도움이 될 것이다.

계속 써라 ▶ 멈추지 말고 계속 써 나가라. 장애물에 부딪혀 글쓰기에 진전이 없는 상황이 생기면 다음 단어가 생각날 때까지 바로 그 전의 마지막 단어를 계속 반복해서 써라. 이것은 당신의 글쓰기에 속도를 붙게 해 주는 방법이다.

고치지 마라 ▶ 퇴고는 좌뇌의 작업으로 글을 꾸준히 써 나가는 것을 방해한다. 철자나 문법 등에 대해 걱정하지 마라. 그것을 고칠 시간은 나중에 충분히 있다. 이미 쓴 부분으로 다시 돌아가서 단어를 삭제하거나 바꾸지도 마라. 어떤 부분을 묘사할 때 적당한 단어가 떠오르지 않으면 그 부분에 밑줄을 치고 계속 써 나가면 된다.

마음 가는 대로 써라 ▶ 글이 어떻게 흘러갈지 결과에 대해 걱정하지 마라. 글이 조금 유치하거나 마음에 들지 않으면 또 어떤가? 글 쓰는 것을 망설이거나 내용을 자꾸 점검하려 들지 마라. 쓴 글을 남에게 보여 줄 필요도 없다. 마음 가는 대로 계속 글을 써 나가면 된다.

구체적으로 써라 ▶ 모든 감각을 사용하여 사물을 설명하라. 컴퓨터를 묘사하는 데 후각을 사용해 보고 택시를 설명하는 데 미각을 사용해 보라. 상대방에게 내가 쓴 글을 각인시키는 가장 좋은 방법은 되도록 구체적으로 쓰는 것이다.

● 차례

작가의 말 픽션이든 논픽션이든 멈추지 말고 써라! _004
이 책을 활용하는 방법 _006
글쓰기 연습 때 꼭 기억해야 할 규칙 _007

PART 01
상상력 Up

1day 가지 않은 길 _013
2day 이별 연습 _016
3day 컴퓨터와의 대화 _018
4day 엽서 한 장 _020
5day 어린아이 상상법 _022
6day 종이에 고함치기 _024
7day 글 역할극 _026
8day 우문현답 _028
9day 가출 청소년 _032
10day 짓궂은 백만장자 _034
11day 글쓰기 프로듀서 _036
12day 시간이 멈추다 _038
13day 수상 소감문 _040
14day 어린 시절 발굴 작업 _042
15day 이메일을 보내다 _044

PART 02
창의력 Up

16day 열쇠 구멍 속의 낯선 남자 _047
17day 옷으로 이야기 만들기 _049
18day 음식들의 난동 _051
19day 사진 속으로 _053
20day 머릿속에 다 있어! _055
21day 거울아! 거울아! _057
22day 베네치아까지는 얼마나 걸리나요? _059
23day 작사 연습 _061
24day 음식으로 글쓰기 _064
25day 당신은 누구십니까? _066
26day 보물찾기 _068
27day 낯선 사람에게 고백하기 _070
28day 엽기 가족 _072
29day 수상한 자동판매기 _074
30day 오래된 흙벽 대사건 _076

하루 10분씩
100일 동안
1000가지
창의적 글쓰기

PART 03
순발력 Up

- 31 day 점을 연결하라 _079
- 32 day 소용돌이 _082
- 33 day 기조연설자 _084
- 34 day 선택의 기로에서 _086
- 35 day 연상 작용을 통한 글쓰기 _088
- 36 day 현행범 _090
- 37 day 액자 걸어 두기 _092
- 38 day 타임머신 _094
- 39 day 트리플 플레이 _096

PART 04
집중력 Up

- 40 day 비상용 단어 발전기 _099
- 41 day 뛰어난 감각 _101
- 42 day 얼굴을 따라서 _103
- 43 day 넘치게 혹은 모자라게 _105
- 44 day 의식의 흐름대로 쓰기 _107
- 45 day 중간 지점에서 되돌아보기 _109
- 46 day 생각 더미 _111

사고력 Up

- 47 day 정신을 잃다 _115
- 48 day 문자 예술 _117
- 49 day 시선을 끄는 기사 쓰기 _119
- 50 day 감각 활용하기 _121
- 51 day 개인과 역사의 만남 _123
- 52 day 목록 작성법 _126
- 53 day 삶의 교훈 _128
- 54 day 사전 작업 _130
- 55 day 특정 독자층을 의식하기 _132
- 56 day 소비자를 유혹하는 광고 문구 _134
- 57 day 나는 누구인가? _136

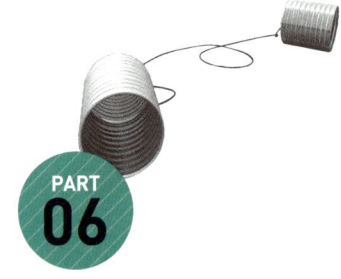

어휘력 Up

- 58 day 고장 난 자판 _139
- 59 day 단어 창조 _141
- 60 day 단어 볼링 게임 _144
- 61 day 음운 이어 쓰기 _146
- 62 day 말! 말! 말! _148
- 63 day 평범한 글에서 개성 있는 글로 _151
- 64 day 스푸너리즘 한 스푼 _154
- 65 day 10대 은어 사전 _156
- 66 day 사투리 쓰는 선생님 _158
- 67 day 유명인 실종 사건 _160
- 68 day 사진보다 실감 나게 _162
- 69 day 색다른 직유법 _164
- 70 day 초성 게임 _166
- 71 day 단어 가공하기 _168
- 72 day 새로운 단어 만들기 _170
- 73 day 사투리로 생기는 오해 _172

PART 07
구성력 Up

- 74 day 중의적으로 표현하기 _175
- 75 day 특별하지 않은 표현으로 특별한 글쓰기 _177
- 76 day 거리 낙서 강연회 _180
- 77 day 글쓰기 요리 _182
- 78 day 사소한 것에서 의미 있는 것으로 _184
- 79 day 간격을 두고 글쓰기 _186
- 80 day 토요일 아침 광고 _188
- 81 day 삶의 단편 _190
- 82 day 인물 묘사하기 _193
- 83 day 단어에서 단어로 _195
- 84 day 육하원칙 _198

PART 08
문장력 Up

- 85 day 시간 노동자의 하루 _201
- 86 day 전기 영화 _203
- 87 day 메시지를 전하는 비둘기 _205
- 88 day 구인 광고 _207
- 89 day 문장 만들기 _209
- 90 day 금기 사항 _211
- 91 day 시점의 변화 _214
- 92 day 숲 속에서 생긴 일 _216
- 93 day 2인칭 시점 _218
- 94 day 인생의 전환점 _220
- 95 day 20분 글쓰기 _222
- 96 day 관광지에 대하여 _224
- 97 day 준비됐든 안 됐든 _226
- 98 day 인생의 징검다리 _229
- 99 day 위기의 정체 _231
- 100 day 열린 문 _234

PART 01

상상력 Up

1day

가지않은 길

선택의 기로에서 갈등을 겪다가
한 가지를 선택하는 상황에 대해 써 보자.
로버트 프로스트의 〈가지 않은 길〉의 시구처럼
두 갈래(혹은 그 이상의) 길 중에서 한 길을 택하여
그것 때문에 모든 것이 달라진 상황에 대하여 써 보도록 하자.

1과 10 사이에서 숫자 하나를 선택하라. 여기에 당신의 선택을 기다리는 상황이 있다. 제시된 항목 중에서 선택해도 좋고 제3의 선택을 해도 좋다.

1. 성격이 다른 두 회사에 동시에 취직된 경우: 비윤리적이지만 사회적인 명성과 부를 안겨 줄 대기업 & 윤리적이며 소신을 지키며 살 수 있지만 사회적인 명성과 부와는 거리가 먼 중소기업

2. 재력가로부터 가족에게 평생 부를 안겨 주는 목적으로 양자 제의를 받은 경우: 재력가의 양자가 된다 & 가족과의 행복한 삶을 선택한다

3. 종교가 다른 사람을 사랑하게 된 경우: 종교를 버리고 사랑하는 사람을 선택한다 & 상대의 종교를 존중해 각기 다른 종교를 갖는다 & 갖은 노력을 다해 상대를 자신의 종교로 교화시킨다

4. 아주 가까운 동료에게서 공금 횡령을 제안받은 경우: 친구를 타이르다 안 되면 거절하고 묵인한다 & 윗선에 보고한다 & 함께 공금 횡령을 시도한다

5. 테러범의 소행으로 5분 후 폭발할 위기에 놓인 지하철 안에서: 사랑하는 사람에게 전화를 건다 & 가능성은 희박하지만 탈출을 시도한다 & 마지막 기도를 한다

6. 친구에게 빌린 책에 들어 있는 로또 복권이 1등에 당첨된 것을 알게 되었을 때: 친구에게 건네준다 & 당첨된 복권은 본인이 가지고 책 속에는 다른 복권으로 바꿔 놓는다 & 친구에게 건네주는 대신에 일부 금액을 요구한다

7. 혼자 새벽 운전을 하고 가는 중에 도로에서 다리를 저는 한 남자가 산에서 굴렀다며 동석을 요구할 때: 의심 없이 태워 병원에 데려다 준다 & 남자를 지나친 다음 병원이나 경찰에 전화한다 & 못 본 체하고 지나친다

8. 유명 연예인의 사생활이 담긴 동영상이 우연히 내 메일에 들어와 있는 경우: 과감히 삭제 버튼을 누른다 & 플레이 버튼을 누른다 & 유포자를 사이버 수사대에 신고한다

9. 정치적 신념이 다른 정당에 가족 중의 한 명이 입당하는 경우: 어떤 정치적인 의사도 표현하지 않음으로써 신념을 지킨다 & 여전히 자신이 지지하는 정당 활동을 한다 & 가족을 위해 정치적 신념을 버린다.

10. 어머니의 외도를 우연히 눈치챈 경우: 모르는 척한다 & 어머니와 이야기를 나눈다 & 아버지에게 알린다

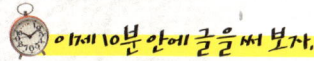
이제 10분 안에 글을 써 보자.

글쓰기 Tip

내면의 목소리에 귀 기울여라!
어떤 일에 대해 선택을 한다는 것은 어려운 일이다. 때로는 그 선택이 우리의 인생을 바꿔 놓기도 한다. 우리는 글을 통한 가상의 공간에서 우리의 무궁무진한 인생을 펼쳐 볼 수 있다. 또한 그러한 선택을 통해 자신이 몰랐던 자신의 성격을 가늠해 볼 수도 있다. 남을 의식한 선택을 하기보다 자신의 내면의 목소리에 귀를 기울이며 선택의 순간과 그 선택으로 인하여 바뀌는 인생에 대해서 써 보도록 하자.

2 day
이별 연습

당신은 사랑하는 사람에게 이별 통보를 받았다.
지금부터 실연에 대한 이야기를 써 보자.

<u>문장의 시작: 그 사람과 나 사이에</u>

1과 10 사이에서 숫자 하나를 선택하라. 여기에는 당신의 이야기에 사용해야 하는 관용구가 있다.

1. 마지막에 웃는 자가 진정한 승자이다.
2. 오십 보 백 보이다.
3. 지는 것이 이기는 것이다.
4. 부전자전이다.
5. 늦게라도 하는 것이 안 하는 것보다 낫다.
6. 쥐구멍에도 볕 들 날 있다.
7. 눈에 넣어도 아프지 않다.
8. 호미로 막을 데 가래로 막는다.
9. 번데기 앞에서 주름 잡지 마라.
10. 바늘 도둑이 소 도둑 된다.

 이제 10분 안에 글을 써 보자.

글쓰기 Tip

다양한 감정에 대해 글을 써 보라!

자신이 슬프다고 느낄 때 그 감정에 대해 글로 써 보라. 그러면 누군가에게 위로받는 것과 같은 감정을 느낄 수 있을 것이다. 더 나아가 그 순간을 삶의 값진 경험으로 탈바꿈시키는 계기를 마련할 수도 있다. 글로 쓸 수 있는 것은 슬픔의 순간뿐만은 아니다.

분노의 순간, 기쁨의 순간, 환희의 순간 등 살면서 겪게 되는 다양한 감정에 대해 글로 써 보라. 자신을 살찌우는 계기를 마련할 수 있을 것이다.

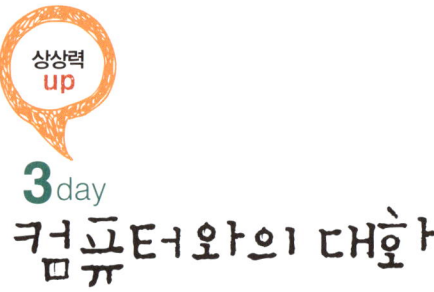

3 day 컴퓨터와의 대화

글을 쓰기 위해 컴퓨터 앞에 앉았다.
다섯 단락 정도 써 내려가자
갑자기 컴퓨터가 당신에게 보내는
글을 쓰기 시작하는 것이 아닌가?
원 상태로 돌려놓기 위해 자판을 두드렸지만
컴퓨터는 당신의 지시를 무시하고
계속해서 글을 써 내려갔다.

1과 10 사이에서 숫자 하나를 선택하라. 각 숫자마다 컴퓨터가 쓴 글의 요지가 있다. 이를 참고하여 컴퓨터와의 대화를 시도해 보자.

1. 당신이 쓴 글에 대한 비평
2. 당신의 불법 다운로드 사실을 고발하는 고발장
3. 컴퓨터 독립 선언문
4. 다음에 쓸 내용에 대한 제안
5. 컴퓨터 자살에 대한 선전 포고
6. 문법 규정에 어긋날 때마다 벌금 1만 원씩, 총 38만 원을 물린다는 경고장
7. 자판을 너무 세게 두드리는 당신으로 인해 받은 전치 8주 진단서
8. 컴퓨터에는 운율이 있는 시만을 쓰라는 요구
9. 당신과 결혼하고 싶다는 컴퓨터의 프러포즈
10. 최근 쓴 글에 대한 열렬한 찬사

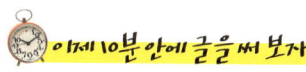
이제 10분 안에 글을 써 보자.

글쓰기 Tip

조언을 구할 때는 구체적으로 표현하라!

자신이 쓴 글에 대해 상대방에게 조언을 구할 경우에는 구체적이고 분명하게 표현해야 한다. 글 속에 까다로운 부분은 없는지, 필요 없는 내용은 없는지, 매끄럽지 않은 문장을 어떻게 바꿔야 할지 상세하게 물어보라. 당신의 질문이 구체적이면 구체적일수록 조언을 받는 효과는 더 커진다. 그러나 만일 누군가로부터 글에 대한 조언을 부탁받았다면 비록 부탁한 사람이 비평해 달라고 말했을지라도 문제점을 지적할 때마다 좋은 점 두 가지 정도도 함께 칭찬해 줘야 한다는 것을 명심하라.

4 day
엽서 한 장

삶이 무료하다고 느끼고 있는 중에 하와이로 여행 간 친구로부터
엽서 한 장을 받았다고 생각해 보자.
멋진 바닷가 풍경이 담긴 엽서로 인해 잠시 동안 기분이 좋아질지는 모르지만
당신이 처한 현실이 다시금 떠오르며 금방 우울해질지도 모를 일이다.
그렇다면 상황을 바꾸어 엽서를 받는 사람이 더 기분 좋은(더 정확하게는 은근히 고소한
마음이 들게 만드는) 엽서 한 장을 작성해 보자.
엽서를 받는 쪽이 보낸 쪽보다 더 나은 상황이라고 느낄 수 있도록
처한 장소나 상황을 최악으로 묘사해서 엽서를 보내는 것이다.

<u>문장의 시작: 여기에 있지 않은 걸 넌 다행으로 여겨야 할 거야.</u>

예) 슈퍼마켓에서 보내는 엽서

안녕! 지영아. 지금 네가 여기에 있지 않은 걸 넌 다행으로 여겨야할거야.
나는 홋카이도의 한 마트에서 택시를 잡으려고 한 시간이나 오들오들 떨면서 기다리고 있어.
10년 만에 내리는 대형 폭설로 일주일 동안 바깥출입을 자제해야한대. 여행자에겐 정말
절망스러운 일이야. 일주일 후면 내가 한국으로 되돌아가는 날인데 말이지.
아무래도 숙소에 머무르는 시간이 많을 것 같아 일주일 동안 사용할 생활필수품을 미리 사 두
려고 여기에 왔어. 그런데 글쎄 물품이 거의 다 떨어진 거 알아? 심지어 라면도 없어.
게다가 물건을 계산하려고 줄을 섰는데 계산을 할때 알게 된 거야.
돈이고 신용카드고 직불카드고 몽땅 숙소에 두고 왔다는 것을……

1과 10 사이에 숫자 하나를 선택하라. 여기에 엽서를 쓰는 장소가 있다.

1. 타이의 파타야 해변에서
2. 서울의 63빌딩 레스토랑에서
3. 중국의 만리장성 앞에서
4. 이집트의 피라미드 앞에서
5. 홍콩의 브런치 전문점에서
6. 이스터 섬의 모아이 석상 앞에서
7. 그리스의 파르테논 신전 앞에서
8. 제주도의 한라산 정상에서
9. 뉴욕의 교통 혼잡 속에서
10. 파리의 에펠탑 앞에서

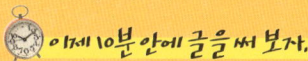
이제 10분 안에 글을 써 보자.

글쓰기 Tip

시대 상황에 대한 상상을 즐겨라!
당신은 이 시대에 태어난 것을 다행이라고 생각하는가? 아니면 자신에게 더 알맞은 시대나 장소가 있다고 생각하는가?
다음에 글을 쓸 때는 다른 시대에 산다고 가정하고 그에 맞게 어휘나 문체를 바꿔 보라. 엽서를 써서 다른 시대에 사는 자신에게 부쳐 볼 수도 있다. 도착한 엽서를 읽을 때쯤 당신의 상상력이 한결 더 풍부해진 것을 발견할 수 있을 것이다.

5 day 어린아이 상상법

지금부터 어린아이라고 생각하고 아이의 관점에서 이야기를 만들어 보자. 이제 원하는 것을 가지려고 떼를 쓰거나 사람들 앞에서 울어도 흉이 되지 않는다. 다음 질문에 답하면서 꼬마가 된 자신에게 특징을 부여해 보자.

- 남자아이입니까? 여자아이입니까?
- 나이에 비해 키가 큽니까? 작습니까?
- 말랐나요? 평균입니까? 아니면 뚱뚱합니까?
- 가장 좋아하는 장소는 어디입니까?
- 좋아하는 장난감이나 게임은 무엇입니까?
- 가장 소중하게 생각하는 게 있다면 무엇입니까?
- 어른에 대해 어떻게 생각합니까?
- 장래 희망은 무엇입니까?
- 잘못했을 때 부모님은 어떤 벌을 줍니까?

1과 10 사이에서 숫자 하나를 선택하라. 여기에 당신의 글에 들어가야 할 문장이 있다.

1. 욕조 거품 위로 머리만 쏙 내놓았다.
2. 오후 내내 어린이 수영장에서 첨벙거리며 놀았다.
3. 마당에는 모래상자가 넘쳐났다.
4. 해가 질 무렵 백화점에서 엄마 손을 놓쳤다.
5. 솜사탕이 입에서 살살 녹았다.
6. 아빠가 하지 말라고 소리를 질렀다.
7. 흔들리는 앞니를 계속 이리저리 움직였다.
8. 동물원의 염소가 나를 향해 돌진했다.
9. 눈을 떠 보니 낯선 집이었다.
10. 모자를 쓰기 싫은데 엄마가 계속 나들이 모자를 쓰라고 했다.

 이제 10분 안에 글을 써 보자.

글쓰기 **Tip**

어린아이의 창의력을 배우자!
어린아이들이 노는 광경을 지켜보면 굉장히 창의적이라는 것을 깨달을 수 있다. 자신의 내면에 잠재되어 있는 창의력을 다시 끌어내기 위해 어린이들이 하는 행동을 따라해 보자. 나무에 오르거나, 그림물감을 손에 묻혀 가며 신나게 그림을 그려 보자. 크레용으로 스케치북에 맘껏 색칠도 해 보고, 여름이면 반딧불도 쫓고, 겨울이면 눈싸움도 해 보자. 이렇게 신나게 놀고 난 뒤에 글을 써 보자.

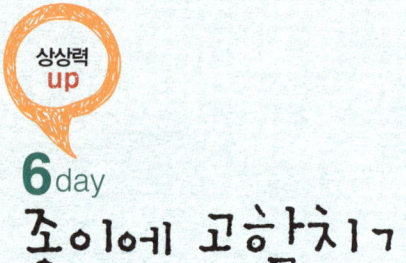

6 day
종이에 고함치기

철교 아래에 서 있다가 기차가 지나갈 때 목이 터져라 소리를 지르면 속이 시원해진다. 기차의 소음 때문에 아무도(심지어 자신조차도) 그 소리를 듣지 못하기 때문이다. 이때 마음속의 분노, 고통, 좌절 등을 맘껏 털어 내자.
한 가지 단점은 신나게 소리를 지를 만하면 기차가 지나가 버린다는 것이다.
그렇다고 다음 기차가 오기만을 목 놓고 기다릴 필요는 없다.
종이에 대고 마음껏 소리치면 된다.
기차 시간을 확인할 필요 없이 언제든 소리치고 싶을 때 쏟아 내 보라.
필요한 것이라고는 종이와 필기도구, 글을 쓸 수 있는 공간뿐이다.
종이에 펜으로 소리를 지르는 방법은 다음과 같다.

- 연필로 꾹꾹 눌러 가면서 소리를 지른다.
- 두껍고 어두운 색깔의 매직펜으로 소리를 지른다.
- 볼펜으로 쓰다가 어두운 색깔의 매직펜으로 모두 줄을 그어 버린다.
- 소리를 지르며 쓴 종이를 갈기갈기 찢거나 태워 버린다.

1과 10 사이에서 숫자 하나를 선택하라. 여기에 두 가지 감정이 있다. 이 감정에 대해 맘껏 종이에 소리를 질러 보자.

1. 분노 또는 열정의 감정으로 소리쳐 보라.
2. 좌절감 또는 자신감을 분출해 보라.
3. 절망 또는 환희의 감정으로 고함쳐 보라.
4. 고통 또는 고마움을 맘껏 표현해 보라.
5. 슬픔 또는 안도감을 느끼며 소리쳐 보라.
6. 두려움 또는 떨림에 대해 크게 외쳐 보라.
7. 실망감 또는 즐거움에 대해 목청껏 소리쳐 보라.
8. 부끄러움 또는 기쁨의 감정을 소리쳐 보라.
9. 죄의식 또는 사랑에 대해 외쳐 보라.
10. 회한 또는 격려의 마음으로 크게 소리 질러 보라.

 이제 10분 안에 글을 써 보자.

글쓰기 Tip

글을 쓰기 전에 크게 웃어 보라!
웃음은 스트레스를 해소시키는 방법 중의 하나이다. 웃음은 우리의 정신뿐만 아니라 면역 체계도 향상시킨다. 정말로 웃겨서 웃을 때까지 먼저 거짓으로 웃어 보는 것도 괜찮다. 이렇게 웃다 보면 곧 뚜렷한 이유 없이도 웃게 된다. 혼자 웃는 것은 다른 사람과 함께 웃는 것에는 못 미치지만 차선책이 될 수 있다. 글을 쓰는 것이 부담스럽다면 먼저 글을 쓰기 전에 크게 웃어 보라. 당신의 글에 도움이 될 것이다.

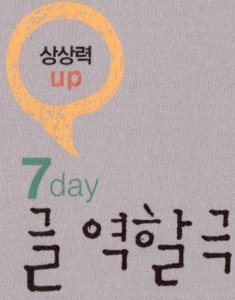

7 day
글 역할극

이번에는 역할극을 시도해 보자.
주인공이 자신이라는 가정 하에 대사와 지시문을 써 보자.

1과 10 사이에서 숫자 하나를 선택하라. 여기에 당신이 글로 연기해야 할 상황이 있다.

1. 숲 속에서 어떤 값진 물건을 발견했는데 도난품이었다.

2. 친구의 값진 물건을 말을 하지 않고 가져왔는데 그만 잃어버리고 말았다.

3. 도심에서 가장 높은 건물에 누군가 폭탄을 터뜨리겠다고 협박 전화를 했는데 바로 당신의 동생이었다.

4. 학교 컴퓨터를 조작해서 선생님을 당황시킬 몇 가지 프로그램을 만들었다.

5. 어느 날 밤 이웃에서 큰 범죄 사건이 일어났는데 그 시간의 알리바이를 경찰에게 거짓으로 말했다가 탄로가 났다.

6. 벌레 구멍으로 들어갔더니 타이타닉호가 침몰하던 날의 아침으로 돌아갔다.

7. 톨게이트에서 요금을 내려고 하는데 요금 징수원이 앞에 간 사람이 이미 당신 요금을 내 줬다고 말한다.

8. 직장에서 회계 장부를 조작한 혐의로 체포, 기소되었다.

9. 위암으로 알고 있던 병이 알고 보니 급성 궤양인 것으로 밝혀졌다.

10. 당신의 상사가 뇌물을 받고 비윤리적인 일을 한다는 사실을 알게 됐다.

이제 10분 안에 글을 써 보자.

글쓰기 Tip

다른 사람의 입장이 되어 보자!
역할극은 다른 사람의 삶을 대신 살아 보는 기회를 준다. 역할을 맡게 되면 현실감이 느껴지도록 인터뷰 등 사전 준비를 하는 것도 좋은 방법이다. 재미있는 역할극 중의 하나는 다른 성별이 되어 보는 것이다. 그러면 이성을 이해하는 데 큰 도움이 된다는 것을 금세 깨닫게 될 것이다.

> 상상력
> up

8day
우문현답

꿈보다 해몽이 좋다는 속담이 있다.
어리석은 질문에 재치 있는 대답을 하는 연습을 해 보자.

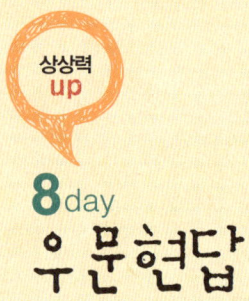

1과 10 사이에서 숫자 하나를 선택하라. 선택 1, 선택 2, 선택 3의 1~4 중에서 각각 번호를 하나씩 선택해서 단어들을 조합해 보자. 그러면 우스꽝스러운 질문이 만들어진다. 바로 그 우스꽝스러운 질문에 답해 보자.

※ 상자 1의 예: (선택 1에서 4번 선택)만약 아기가 (선택 2에서 1번 선택)감자튀김을 (선택 3에서 4번 선택)치료한다면?

1.

번호	선택 1	선택 2	선택 3
1	만약 컴퓨터가	감자 튀김을	어루만진다면?
2	만약 불도저가	키스를	받는다면?
3	만약 종이가	버섯을	잡는다면?
4	만약 아기가	수녀를	치료한다면?

2.

번호	선택 1	선택 2	선택 3
1	만약 경비원이	국회의원을	지퍼로 잠근다면?
2	만약 요정이	오페라 스타를	대여한다면?
3	만약 소가	기도하는 사람을	귀찮게 한다면?
4	만약 바퀴벌레가	양파를	퀴즈를 낸다면?

3.

번호	선택 1	선택 2	선택 3
1	만약 관리자가	바이올린을	동경한다면?
2	만약 신문기자가	우산을	검사한다면?
3	만약 정치가가	행운의 쿠키를	광을 낸다면?
4	만약 강아지가	결혼 반지를	발명한다면?

4.

번호	선택 1	선택 2	선택 3
1	만약 감자가	칼을	성가시게 한다면?
2	만약 당나귀가	재앙을	파헤친다면?
3	만약 눈보라가	후추를	씹는다면?
4	만약 코미디언이	냄새를	오염시킨다면?

5.

번호	선택 1	선택 2	선택 3
1	만약 나무가	무릎을	입는다면?
2	만약 머리카락이	마늘을	마신다면?
3	만약 엄지손가락이	유리잔을	기른다면?
4	만약 체리가	신발을	잃는다면?

6.

번호	선택 1	선택 2	선택 3
1	만약 관대함이	얼음에	군침을 흘린다면?
2	만약 크리스마스가	공해를	복사한다면?
3	만약 베개가	아이디어를	결혼한다면?
4	만약 서점이	계피를	흉내 낸다면?

7

번호	선택 1	선택 2	선택 3
1	만약 오븐이	꿈을	물어본다면?
2	만약 자전거가	기저귀를	날려 버린다면?
3	만약 건물이	사진가를	때린다면?
4	만약 야구가	튤립을	구애한다면?

8.

번호	선택 1	선택 2	선택 3
1	만약 텔레비전이	목재를	조사한다면?
2	만약 기관총이	잔디깎기를	의지한다면?
3	만약 페인트가	경주용 자동차를	적신다면?
4	만약 피자가	여성용 제품을	문서로 만든다면?

9.

번호	선택 1	선택 2	선택 3
1	만약 라디오가	악어를	들어 올린다면?
2	만약 돈이	포도를	짝을 맺는다면?
3	만약 학교가	산사태를	사귄다면?
4	만약 공원이	신부를	박살 낸다면?

10.

번호	선택 1	선택 2	선택 3
1	만약 규칙이	악마를	미끄러지게 한다면?
2	만약 괴물이	아기 고양이를	축복한다면?
3	만약 청소년이	고드름을	얇게 자른다면?
4	만약 과자가	옷걸이를	파괴한다면?

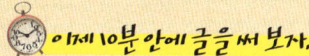
이제 10분 안에 글을 써 보자.

글쓰기 Tip

글이 막힐 때는 '만약'에 대해 상상하라!
글을 쓰다가 막히면 다음과 같이 엉뚱한 질문을 해 보자. 만약 글 속의 주인공이 실제 인물이라면? 만약 등장인물이 새라면? 만약 지금 내가 잡지 사진 속으로 들어가게 된다면? 이러한 질문에 답을 하다 보면 뇌가 운동하기 시작하면서 막혔던 글이 술술 풀리는 것을 경험할 수 있을 것이다.

9 day
가출 청소년

학교에서 집단 괴롭힘을 당하는 청소년이 있다. 학교도 가정도 아무도 이 청소년에게 관심을 가져 주지 않는다. 괴롭힘을 견디다 못한 청소년은 학교에 가지 않기 위해 가출을 시도했다.
이 청소년이 당신이라고 가정하고 이제부터 당신에게 어떤 일이 일어날지 이야기를 만들어 보자.

문장의 시작: 짐을 쌌다.

1과 10 사이에서 숫자 하나를 선택하라. 그곳에 당신이 있다.

1. 청소년 쉼터
2. PC방
3. 신문사
4. 공중 화장실
5. 노숙자가 모여 있는 기차역
6. 바닷가
7. 당신을 괴롭히던 친구의 집
8. 불량 청소년들이 모여 있는 놀이터
9. 대학교
10. 햄버거 가게

 이제 10분 안에 글을 써 보자.

글쓰기 Tip

잘 듣는 것이 중요하다!

우리는 상대방의 의견에 귀 기울여 듣는 것에 서투르다. 그러나 글을 잘 쓰기 위해서는 잘 표현하는 것만큼이나 잘 들어야 한다는 것을 명심하자.
상대방이 하는 말을 귀 기울여 듣고 의도하는 바를 잘 간파하는 것 또한 글쓰기의 좋은 연습이 된다. 주변을 둘러보고 내가 귀 기울여 듣지 못한 말은 없는가 생각해 보자.

10 day
짓궂은 백만장자

무명작가인 당신에게 백만장자가 보낸 20억 원짜리 수표와 편지가 배달되었다. 편지에 의하면 이 돈은 당신이 전업작가가 되기 위해 필요한 돈이다. 백만장자가 제시하는 규칙만 잘 지키면 이 돈은 모두 당신 것이다. 그러나 중간에라도 규칙을 어기면 돈을 모두 백만장자에게 돌려주어야 한다. 이미 써 버린 돈은 물론이고 어떤 예외도 없다. 당신이 이 조건을 받아들인다면 창문에 깃발을 매달아야 한다. 이것은 이 돈을 보낸 백만장자가 당신의 모든 행동을 100% 감시하는 것을 허용한다는 뜻이다. 앞으로 당신에게 벌어질 상황에 대해 글로 써 보자.

1과 10 사이에서 숫자 하나를 선택하라. 여기에 수표를 현찰로 바꾸려면 따라야 하는 조건이 있다.

1. 당신이 비열하다고 생각하는 정당에 실명을 밝히고 5억 원을 기부해야 한다.
2. 앞으로 3년 동안 가족과 연락을 끊어야 하며 어느 누구에게도 그 이유를 말해서는 안 된다. 즉 가족의 삶에서 완전히 사라져야만 한다.
3. 앞으로 5년간 요리하지 않은 생 음식만 먹고 살아야 한다. 그리고 그 누구에게도 왜 그렇게 하기로 했는지 이유를 말하면 안 된다.
4. 3년 안에 좋은 작품으로 대외적으로 인정받아야 한다. 그러나 남의 이름을 빌려 작품을 써야 하며 그 누구에게도 자신의 작품이라고 말해서는 안 된다.
5. 곧 테러 혐의로 재판에 회부될 사람에게 신장을 기부해야 한다.
6. 앞으로 4년 동안 날씨가 어떻든 어떠한 상황에 처하든 맨발로 다녀야 한다.
7. 2년 동안 무릎을 꿇고 개 밥그릇에다 손으로 밥을 먹어야 한다. 누구에게도 그 이유를 말해서는 안 된다.
8. 당신이 절대적으로 반대하는 주제에 대해 찬성하는 연설을 24번 해야 한다.
9. 벌레 한 양동이를 먹어야만 한다.
10. 글 쓰는 손가락 하나를 잘라야 한다.

 이제 10분 안에 글을 써 보자.

글쓰기 Tip

마음껏 상상하라!
내가 만일 백만장자라면, _____ 텐데······. 빈 칸에 대해 마음껏 상상해 보라. 만약의 순간을 상상하는 것은 글을 쓰는 사람에게 매우 중요한 일이다. 창의력을 길러 주는 동시에 경직된 뇌를 깨우는 운동이 된다.

11 day
글쓰기 프로듀서

소중한 순간을 담기 위해 비디오 촬영을 했다.
그런데 촬영자가 큰일을 저지르고 말았다. 장면은 멋지게 찍었는데
그만 소리를 담지 않은 것이다. 망친 작품을 되살리는 방법을
고민하던 당신에게 멋진 생각이 떠올랐다.
지루한 장면은 빨리 감고, 재미있는 장면은 슬로 모션으로 강조하고,
나머지를 부분부분 편집하면서 한 편의 뮤직 비디오를 만드는 것이다.
이러한 과정은 글쓰기에도 적용할 수 있다.
중요한 순간에 대해 오래도록 서술하고 과거와 현재를 오가며
사건을 마음대로 편집하는 것이다.
자, 이제 펜을 들어 소중한 순간에 대해 이야기를 전개해 나가 보자.

당신의 글에 적합한 노래 제목 :

1과 10 사이에서 숫자 하나를 선택하라. 당신이 글로 편집할 소중한 순간이 있다.

1. 입학
2. 종교 의식
3. 생일 파티
4. 탄생
5. 졸업
6. 결혼
7. 개업
8. 은퇴
9. 동물 입양
10. 이사

 이제 10분 안에 글을 써 보자.

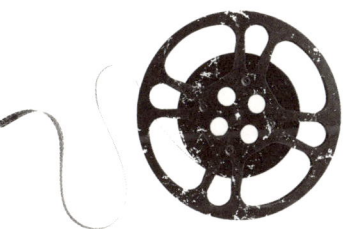

글쓰기 Tip

글은 쓰는 것도 중요하지만 다듬는 것도 중요하다!
'아, 그때 그렇게 버벅대지 말고 좀 더 재치 있고 기발한 단어를 썼어야 했는데…….'라며 머릿속에서 몇 번이고 장면을 떠올려 보지 않은 사람이 얼마나 있을까? 당신이 그 장면을 머릿속에서 몇 번이나 상상하는 행위가 글로 치면 바로 퇴고이다. 퇴고가 정말 끔찍한 과정이라는 생각이 들 때면 재빨리 머릿속에서 재생을 해 보고 상황을 바로잡는 것이 얼마나 재미있는 일인지를 떠올려라. 그러면 당신의 글을 한결 멋지게 다듬을 수 있을 것이다.

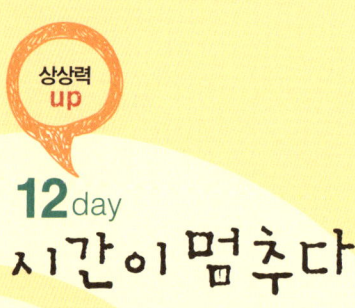

12 day
시간이 멈추다

살다 보면 이대로 시간이 멈추었으면 좋겠다고 생각되는 순간이 종종 찾아온다. 그런데 예상치 못한 순간에 정말로 시간이 멈추어 버린다면 어떤 일이 발생할까?

1과 10 사이에서 숫자 하나를 선택하라. 시간이 멈추었을 때 당신이 있던 곳이다.

1. **학교**: 지겨운 수업 시간 중에 교실 벽에 있는 시계가 멈춘다.
2. **공원에 있는 의자**: 연인과 공원 의자에 앉는 순간 시간이 멈춘다.
3. **비즈니스 미팅**: 당신의 발표가 시작된 순간 시간이 멈춘다.
4. **대형 마트**: 물건값을 계산하려는 순간 시간이 멈춘다.
5. **콘서트**: 당신이 좋아하는 가수가 노래를 부르는 순간 시간이 멈춘다.
6. **연말 파티**: 짝사랑하는 사람이 애인과 함께 등장하는 순간 시간이 멈춘다.
7. **병원**: 아버지가 지병으로 세상을 떠나기 직전에 시간이 멈춘다.
8. **고속도로를 달리는 차 안**: 자동차 계기판의 눈금을 보는 순간 시간이 멈춘다.
9. **은행**: 대출 이자를 갚기 위해 은행에 방문한 순간 시간이 멈춘다.
10. **잠 못 이루는 한밤중**: 알람시계를 보는 순간 시간이 멈춘다.

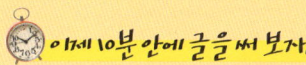
이제 10분 안에 글을 써 보자.

글쓰기 Tip

해야만 하는 것과 하고 싶은 것 사이에 타협점을 찾아라!

글쓰기를 비롯해서 해야 할 일이 많이 있는데도 원하는 것만 하려고 하는 것은 최선이 아니다. 시간이 없다고 느낄 때 일 분이나 이 분 정도 조용히 앉아 숨을 가다듬고 지금 해야 할 일이 무엇인지 스스로에게 물어보라. 그리고 지금 해야만 하는 것과 원하는 것 사이에 협상할 부분을 찾아라. 이런 자세는 매순간을 알차게 보내는 데 도움이 될 것이다.

13 day
수상 소감문

당신은 곧 특별한 상을 받게 된다.
이름이 호명되면 당신은 수상 소감을 말해야 한다.
다음 페이지에 있는 수상에 관련된 정보를 기초로
당신을 축하하기 위해 모인 청중에게 들려줄
수상 소감문을 써라.

1과 10 사이에서 숫자 하나를 선택하라. 여기에 당신이 받은 상과 당신의 진솔한 마음이 있다.

1. 상 ▶ 이성의 얼굴을 한 번도 쳐다보지 못하고 30년을 살아온 사람에게 주는 모태솔로 상
   마음: 부끄러워서 받고 싶지 않다.

2. 상 ▶ 훌라후프 돌리기 2등 상
   마음: 가장 친한 친구가 1등 상을 받아서 화가 난다.

3. 상 ▶ 밤 껍질을 가장 잘 까는 사람에게 주는 밤 껍질 상
   마음: 할머니가 까 주신 거라 들킬까 봐 걱정된다.

4. 상 ▶ 무좀과 관련된 최고 블로그 상   마음: 당황스럽다.

5. 상 ▶ 다리에 털이 가장 많은 여성 상
   마음: 처음에는 거북했지만 많은 사람 가운데 뽑힌 것에 대해 자부심을 느낀다.

6. 상 ▶ 가장 매끈한 대머리 남자 상   마음: 감동을 받았다.

7. 상 ▶ 껌 포장지 최고 재활용 상
   마음: 사람들이 빈정댈까 봐 걱정스럽다.

8. 상 ▶ 침대 밑에 가장 먼지가 많은 상
   마음: 집안의 치부를 드러냈다는 사실에 걱정스럽다.

9. 상 ▶ 발 냄새가 지독하게 나는 사람에게 주는 발 냄새 상
   마음: 민망하다.

10. 상 ▶ (열두 개 단락이나 그 이하로 쓴) 최고 단편소설 상
    마음: 이 상을 받음으로써 정말 수상하기를 원하는 최고의 중편소설 수상 대상에서 탈락할까 봐 염려스럽다.

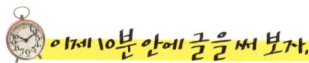
이제 10분 안에 글을 써 보자.

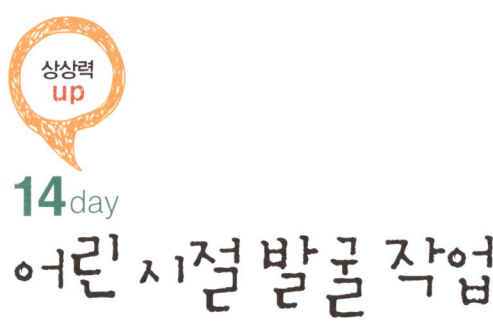

14 day
어린 시절 발굴 작업

잊고 있었던 어린 시절의 경험과 일화들에 대해
유적지의 유물을 발굴하듯이 떠올려 보자.
까마득히 잊고 있던 기억들을 끄집어 내도 좋고
어린 시절 사진 속에 있는 물건이나 장소 등에 관련된
이야기도 좋다. 기억 속으로 파고들어 흥미와 관심을
불러일으킬 만한 새로운 이야기 유물을 발굴하라.

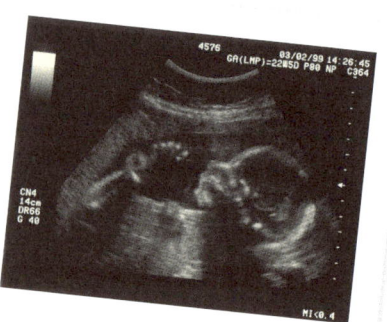

1과 10 사이에서 숫자 하나를 선택하라. 여기에 어린 시절의 어느 한 순간이 있다. 그것을 파헤쳐 이야기를 만들어 보라.

1. 당신이 아직 엄마의 뱃속에 있을 때
2. 신생아 시절
3. 2세였을 때
4. 5세였을 때
5. 7세였을 때
6. 8세였을 때
7. 10세였을 때
8. 13세였을 때
9. 14세였을 때
10. 16세였을 때

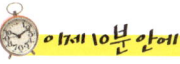
이제 10분 안에 글을 써 보자.

글쓰기 Tip

박물관에 찾아가기!
글이 잘 써지지 않을 때나 참신한 생각이 나지 않을 때에는 자연사 박물관을 방문해 옛날 사람들이 어떻게 어려운 환경에서 살았는지 살펴보라. 당신에게 많은 아이디어를 줄 것이다. 박물관과 예술 작품 관람은 창의적인 생각을 불러일으키는 데 아주 좋은 장소이다. 정기적으로 창의적인 상황에 스스로를 노출시켜라. 당신의 창조적인 영혼을 위해서도 유익하다.

15 day
이메일을 보내다

이메일을 정성 들여 쓴 뒤 발송 버튼을 눌렀는데 괜히 보냈다는 생각에 후회해 본 적이 있는가? 당신이 주로 쓰는 이메일 양식과 어휘를 사용하여 이메일을 보내기 껄끄러운 사람에게 메일을 써 보라.

1과 10 사이에서 숫자 하나를 선택하라. 여기에 당신이 이메일을 써야 할 대상이 있다.

1. 비평을 부탁하지도 않았는데 당신의 글을 비평한 비평가
2. 일하는 만큼 보수를 제대로 주지 않는 당신의 직장
3. 당신의 제안을 거절한 사람
4. 당신에게 낙제를 준 교수
5. 당신이 좋지 않은 경험을 한 가게의 주인
6. 당신을 매우 분통 터지게 만든 물건이나 서비스를 제공한 회사의 사장
7. 오랫동안 당신의 연락을 피해 온 친구
8. 아주 나쁜 방법으로 헤어진 전 애인 혹은 전 배우자
9. 당신을 실망시킨 어떤 사람
10. 당신에게 돈을 빌리고 갚지 않은 절친한 친구

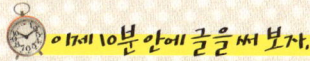
이제 10분 안에 글을 써 보자.

글쓰기 Tip

이메일은 신중히 보내라!
이메일은 우리가 자주 이용하는 편리한 통신 수단이지만 한 번 보낸 메일에 대해서는 되돌릴 수 없다는 단점이 있다. 보내지 말았어야 하는 이메일에 대해 "두 번 재고 한 번 자르라."라는 목수의 교훈을 적용하면 다음과 같이 말할 수 있을 것이다. "메일의 내용과 수신자를 두 번 확인한 뒤 보내기 버튼을 누르라."

PART 02

창의력 Up

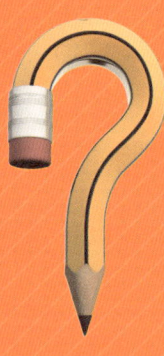

> 창의력
> up

16 day

열쇠 구멍 속의 낯선 남자

낯선 남자가 당신의 현관 벨을 누르고 있다.
문을 사이에 둔 당신과 남자 사이에는
알 수 없는 긴장감이 흐른다.
앞으로 당신과 남자 사이에
어떤 일이 벌어질지 써 보자.

1과 10 사이에서 숫자 하나를 선택하라. 여기에 열쇠 구멍 밖에 있는 낯선 사람이 있다.

1. 전 애인
2. 청각 장애인
3. 국가대표 축구 선수
4. 고등학교 영어 교사
5. 방문 판매원
6. 집주인의 형제
7. 10대 보모
8. 도둑
9. 집사
10. 형사

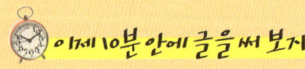
이제 10분 안에 글을 써 보자.

글쓰기 Tip

주변 사람을 잘 살펴라!
글 좀 쓰는 사람과 연고를 맺기 위해 무조건 여기저기 문을 두드리고 다닐 필요는 없다. 우리가 생각하는 것보다 세상은 훨씬 넓다. 당신이 아는 사람들을 아는 또 다른 사람들이 있고 또 그들을 아는 다른 사람이 있다. 작가 세계에 인맥을 넓히고 싶다면 주위 사람들에게 먼저 물어보라. 당신 이웃의 친척이 동네 서점에서 최근 작가 모임을 시작했는데 그 모임에서 당신이 도움을 필요로 하는 작가의 강연회를 주관할 수도 있다.

17 day

옷으로 이야기 만들기

옷을 구입하게 된 경위부터 옷에 얽힌 사연에 이르기까지 옷을 소재로 당신에게 일어난 일들에 대해 써 보자. 단순한 옷일지라도 그것이 얼마나 많은 이야기를 담고 있는지 알게 되면 매우 놀랄 것이다.

문장의 시작: 이 특별한 옷은

1과 10 사이에서 숫자 하나를 선택하라. 여기에 이야기의 소재로 사용할 수 있는 다양한 복장이 있다.

1. 만화 코스프레
2. 운동화
3. 부츠
4. 코트
5. 티셔츠
6. 파자마
7. 팬티
8. 목욕 가운
9. 모자
10. 가죽 가방

 이제 10분 안에 글을 써 보자.

 글쓰기 Tip

옷은 인물의 성격을 반영한다!
지금 쓰고 있는 이야기에 나오는 등장인물이 실제로 입을 것 같은 옷을 직접 입어 보자. 머리 끝에서 발끝까지 모두 갖춰 입을 필요는 없다. 모자나 선글라스, 셔츠, 부츠만으로도 충분하다. 이러한 복장은 미처 느낄 수 없었던 등장인물의 심리나 성격을 파악하는 데 도움을 준다. 이야기 속의 인물처럼 옷을 입어 보면 그 인물에 쉽게 동화될 수 있을 것이다.

18 day

음식들의 난동

모든 사람이 잠든 깊은 밤에 냉장고 안의 음식들이 살아 움직이기 시작한다. 달걀, 과일, 채소, 반찬, 아이스크림, 해동시킨 고기들이 하나둘씩 기지개를 켜면서 수다를 떤다. 음식들은 어떻게 하면 개를 따돌리고 무사히 냉장고를 빠져나가 집안을 돌아다닐지에 대해 궁리 중이다. 어느 날 저녁, 개 짖는 소리도 들리지 않을 만큼 고요한 밤에 음식들이 있는 힘을 다해 냉장고 안에서 문을 밀기 시작한다.

1과 10 사이에서 숫자 하나를 선택하라. 여기에 각자 다른 성격을 지닌 음식이 있다. 이 중에 하나를 선택하여 음식의 입장에서 이야기를 만들어 보자.

1. 금방 울음을 터뜨릴 것 같은 시든 양상추
2. 냉장고 밖 환경에 알레르기 반응을 일으키는 케첩 한 병
3. 미국 출신으로 한국말을 잘 모르는 갈비찜
4. 빈정대는 피망
5. 현명한 두부 한 모
6. 불만이 많은 올리브 한 병
7. 오래되어서 딱딱하게 굳은 늙은 생일 케이크
8. 음식들의 우두머리 행세를 하는 김장 김치 한 통
9. 매우 여성스러운 당근
10. 예민한 성격의 매실 엑기스

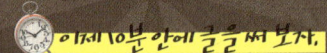

먹는 책 모임을 가져 보라!
참여자가 모두 먹을 수 있는 책을 가져오는 글쓰기 모임 행사를 주관해 보면 어떨까? 이를테면 책케이크, 책쿠키, 책떡, 책아이스크림 등을 만들어서 가져오는 것이다. 그 출품작들을 맛있게 먹은 뒤 함께 글을 쓴다. 이것이야말로 글 쓰는 모임을 시작하거나 침체된 모임을 부활시킬 수 있는 멋진 기회가 될 수 있을 것이다.

창의력 up

19day

사진 속으로

낙하산을 탄 당신에게 기묘한 일이 일어나기 시작한다.
낙하산이 사진 앨범 속으로 들어가고 있는 것이다.
당신이 착지한 곳은 사진을 찍는 바로 그 순간이다.
사진 한가운데로 떨어져서 사진 자체를 바꿔 보아도 좋고
주변으로 떨어져서 숨은 관찰자가 되어도 좋다.
모두 당신의 자유이다. 이야기를 펼쳐 보자.

1과 10 사이에서 숫자 하나를 선택하라. 여기에 낙하산을 타고 내려가 이야기를 펼쳐 나갈 사진이 있다. 아래 사진 대신 개인 사진을 가지고 와도 좋다.

이제 10분 안에 글을 써 보자.

글쓰기 Tip

글쓰기는 인고의 과정이다!
글쓰기란 비행기에서 낙하산으로 뛰어내리듯이 눈 깜짝할 사이에 무엇인가를 끝낼 수 있는 일이 아니다. 오랜 시간 힘든 노동의 대가로 이루어지는 과정이다. 그 인고의 글쓰기에는 아름다운 결과가 기다리고 있다.

20 day

머릿속에 다 있어!

최근에 문을 연 인터넷 신문사의 기자로 취직된 것을
축하한다! 그러나 안타깝게도 이 신문사는 조사나
취재를 위한 경비를 넉넉하게 주지 않는다.
다시 말하면 발로 뛰어서 취재하기보다는 사장이
던져 준 헤드라인에 맞춰 기사를 작성해야 한다는 뜻이다.
사무실에는 오로지 책상, 노트북, 쓰레기통이 전부이다.
사전도, 전화도, 책도 정말 아무것도 없다.
사장에게 어떻게 이런 상황에서 취재를 할 수 있느냐고
물어봤더니 이렇게 대답한다.
"머릿속에 이미 필요한 모든 것이 다 있어요.
그것으로 쓰면 돼요."
그러고는 정작 사장은 당신에게
더 많은 기삿거리를 찾아 주기 위해
어딘가로 나가는 것이 아닌가?

1과 10 사이에서 숫자 하나를 선택하라. 여기에 오늘 기사에 사용할 헤드라인이 있다.

1. 날개를 달고 태어난 여성 드디어 하늘을 날다
2. 시체를 해부한 의대생 위에서 자라고 있는 수박 발견
3. 수만 마리 벌에 쏘인 미라 사막에서 발견
4. 정전기 병에 걸린 소년 대형 화재 일으켜
5. 화투를 치는 외계인의 흔적 중국 베이징에서 발견
6. 세계에서 가장 큰 소가 한 번 배출하는 메탄 지구 온난화 악화시켜
7. 플루트 부는 인어공주 맨해튼에서 연습하는 모습 포착
8. 정신과 의사 다중 인격 장애 여성 환자에게 한 번에 8회분 진료비 청구
9. 말하는 말(Horse) 과천 경마장에서 응원하다 목 쉬어
10. 남성 경찰 사칭 여성 체포

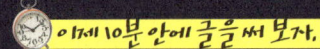

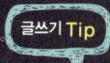

자세 교정 운동을 자주 하라!
책상 앞에 자주 앉아 있는 사람들을 위한 스노우 엔젤 운동을 소개한다. 방법은 어렵지 않다. 어깨 너비만큼 다리를 벌리고 벽을 등지고 반듯하게 선다. 벽에 살짝 기댄 후 팔꿈치, 팔뚝, 손목 뒤쪽을 벽에 댄다. 팔꿈치를 벽에서 떨어지지 않게 하면서 천천히 팔을 위아래로 둥글게 움직인다. 이것을 10번 정도 반복하면 목, 허리, 어깨 등이 시원해지는 것을 느낄 수 있을 것이다.

창의력 up

21 day
거울아! 거울아!

'거울은 거짓말을 하지 않는다.'라는 표현이 있다.
그만큼 거울은 정직하게 사물이나 사람을 반영한다.
이번에는 당신의 상상력을 확장시켜
이 표현과 정반대가 되는 상황을 경험해 보자.

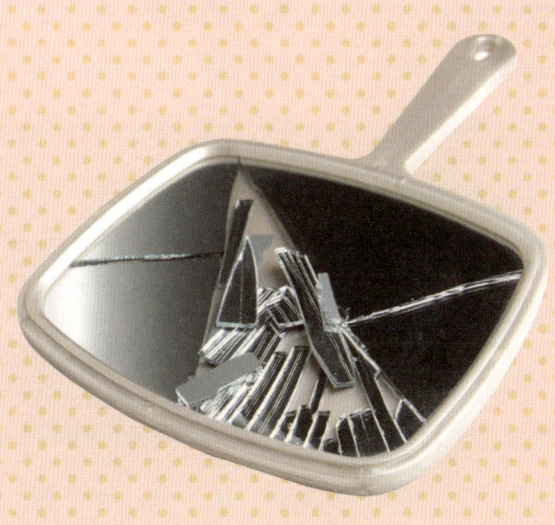

1과 10 사이에서 숫자 하나를 선택하라. 거울에 비친 또 다른 당신의 이름과 장소가 있다. 거울에는 원래 당신의 모습은 없고 당신과는 전혀 다른 사람이 서 있다.

1. 이름: 러티샤 타키마 윌리엄스
   장소: 러시아의 블라디보스토크

2. 이름: 라울 페르난데스
   장소: 남극 대륙의 맥머도 기지

3. 이름: 마리 위라싹
   장소: 타이의 방콕

4. 이름: 스탠리 스미스 스밀렌 3세
   장소: 이스라엘의 예루살렘

5. 이름: 로버트 카산지안
   장소: 버뮤다의 해밀턴

6. 이름: 포사다 카리에스
   장소: 쿠바의 아바나

7. 이름: 브리지트 뒤부아
   장소: 자메이카의 킹스턴

8. 이름: 차오밍
   장소: 중국의 쓰촨성

9. 이름: 메이 킴
   장소: 이란의 테헤란

10. 이름: 빌리 밥 어번
    장소: 프랑스의 파리

이제 10분 안에 글을 써 보자.

글쓰기 Tip

자신에게 맞는 작업 공간을 만들어라!

글을 쓰는 장소에 따라 글을 쓰는 마음 상태가 달라진다. 마음 상태에 변화를 주기 위해 공간에 변화를 주기도 한다. 예를 들면 작업 공간의 벽지 색상을 바꾸어 글쓰기를 자극하는 것이다. 그림, 사진, 포스터를 걸어도 좋다. 오늘 당장 당신의 글쓰기에 도움이 되지 않는 것들은 떼어 내고 글쓰기 분위기를 조성하는 것들로 바꿔 보자. 당신의 기분도 달라질 것이다.

창의력 up

22 day

베네치아까지는
얼마나 걸리나요?

배낭여행 중인 당신은 베네치아로 향하는 기차의
2인용 객실에서 낯선 사람과 단 둘이 앉아 있다.
아는 이탈리아 어라고는 '베네치아까지는 얼마나 걸리나요?'뿐이다.
고개만 들면 낯선 사람과 눈이 계속 마주친다.
자리가 불편해서 잠을 잘 수도 없다.
어색함을 견디다 못한 당신은 상대방과 대화를 시도해 본다.
"베네치아까지는 얼마나 걸리나요?"

1과 10 사이에서 숫자 하나를 선택하라. 이 사람이 객실에 함께 있는 승객이다.

1. 진한 향수 냄새를 풍기는 이탈리아 패션 모델

2. 지금 당신이 가려는 모든 여행지를 이미 가 본 미국 대학생

3. 영어를 한마디도 못하는 프랑스 호텔 사장
   (당신의 미래가 이 사람 손에 달려 있을지도 모른다.)

4. 자기 신분을 숨기고 있는 미국 영부인
   (어쩐지 기차에 있는 모든 사람이 비밀 요원처럼 보인다.)

5. 초콜릿을 만드는 장인

6. 당신이 데이트하고 싶은 사람

7. 예술 영화 감독

8. 입양 가족을 만나러 베네치아로 가는 9세 동양 여자 아이

9. 몸에서 지독한 냄새가 나는 노숙자

10. 온몸에 문신과 귀걸이를 잔뜩 단 펑크 록가수

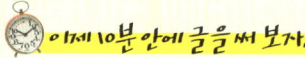
이제 10분 안에 글을 써 보자.

> **글쓰기 Tip**

매일 조금씩 써라!
종종 하루에 얼마나 또는 일주일에 며칠이나 글을 써야 하는가에 대한 질문을 받곤 한다. 그때마다 내가 하는 대답은 가능한 지속적으로 글을 쓰고 만족감과 성취감을 느낄 수 있을 만큼 쓰라는 것이다. 하루에 잠깐씩이라도 글을 쓰는 것이 오랫동안 글을 쓰지 않다가 한꺼번에 긴 시간 글을 쓰는 것보다 글쓰기 흐름을 유지하는 데 더욱 좋다.

23 day
작사 연습

작사가가 되어 보는 것은 흥미로운 일이다.
이번에는 당신이 아는 노래의 노랫말을 바꿔 보자.
음정에 맞춰 부를 필요는 없다.
돈이 떨어져 가는 휴가의 마지막 날에
다음과 같이 '개똥벌레'를 '귀한 휴가'로
바꿔 부를 수 있다.

아무리 붙잡아도 시간은 가네
내 귀한 휴가가 낼이면 끝인걸
머리를 굴려 봐도 시간은 없네
계획 세워 둔 것들 다 못하고 날아가네
가지 마라 가지 마라 가지 말아라
나를 위해 한 번만 시간을 늦추렴
나나나나나나 아쉬운 마음 안고
오늘밤도 그렇게 울다 잠이 든다 울다 잠이 든다

이 방법은 펜이나 종이 없이도 할 수 있는 굉장히 좋은 창작 연습이다.

1과 10 사이에서 숫자 하나를 선택하라. 여기에 노랫말을 바꿀 수 있는 동요가 있다.

1. 〈곰 세 마리〉

곰 세 마리가 한 집에 있어
아빠 곰, 엄마 곰, 아기 곰
아빠 곰은 뚱뚱해
엄마 곰은 날씬해
아기 곰은 너무 귀여워
으쓱으쓱 잘 한다

2. 〈반짝반짝 작은 별〉

반짝반짝 작은 별
아름답게 비추네
서쪽 하늘에서도
동쪽 하늘에서도
반짝반짝 작은 별
아름답게 비추네

3. 〈나비야〉

나비야 나비야
이리 날아 오너라
노랑나비 흰나비
춤을 추며 오너라
봄바람에 꽃잎도
방긋방긋 웃으며
참새도 짹짹짹
노래하며 춤춘다

4. 〈섬집 아기〉

엄마가 섬그늘에 굴 따러 가면
아기가 혼자 남아 집을 보다가
바다가 불러 주는 자장 노래에
팔 베고 스르르르 잠이 듭니다

5 〈어린 송아지〉

어린 송아지가 큰 솥 위에 앉아
울고 있어요
엄마아 엄마아 엉덩이가 뜨거워

어린송아지가 얼음 위에 앉아
울고 있어요
아빠아 아빠아 엉덩이가 차가워

6. 〈그대로 멈춰라〉

즐겁게 춤을 추다가 그대로 멈춰라
즐겁게 춤을 추다가 그대로 멈춰라
눈도 감지 말고 웃지도 말고
울지도 말고 움직이지 마
즐겁게 춤을 추다가 그대로 멈춰라
즐겁게 춤을 추다가 그대로 멈춰라

7. 〈엄마 돼지 아기 돼지〉

토실토실 아기돼지 젖 달라고 꿀꿀꿀
엄마 돼지 오냐오냐 알았다고 꿀꿀꿀
꿀꿀 꿀꿀 꿀꿀 꿀꿀꿀
꿀꿀꿀꿀 꿀꿀꿀꿀 꿀꿀꿀꿀꿀
아기 돼지 바깥으로 나가자고 꿀꿀꿀
엄마 돼지 비가 와서 안 된다고 꿀꿀꿀

8. 〈퐁당퐁당〉

퐁당 퐁당 돌을 던지자
누나 몰래 돌을 던지자
냇물아 퍼져라
멀리 멀리 퍼져라
건너편에 앉아서
나물을 씻는
우리 누나 손등을
간질여 주어라

9. 〈옥수수 하모니카〉

우리 아기 불고 노는 하모니카는
옥수수를 가지고서 만들었어요.
옥수수알 길게 두 줄 남겨 가지고
우리 아기 하모니카 불고 있어요.
도레미파솔라시도 소리가 안나
도미솔도도솔미도 말로 하지요.

10. 〈초록빛 바다〉

초록빛 바닷물에 두 손을 담그면
초록빛 바닷물에 두 손을 담그면
파란 하늘빛 물이 들지요
어여쁜 초록빛 손이 되지요
초록빛 여울물에 두 발을 담그면
물결이 살랑 어루만져요
물결이 살랑 어루만져요

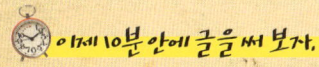
이제 10분 안에 글을 써 보자.

글쓰기 Tip

글에 도움이 되는 모든 것에 감사함을 느껴라!
사람들의 조언, 예술 작품, 자연 환경, 펜, 컴퓨터 등은 당신의 성공적인 글쓰기에 기여한다. 하지만 무조건 '성공'이라는 단어에 집착하지 마라. 이 연습문제들을 풀면서 당신은 이미 성공적인 글쓰기 경험을 하는 것이나 다름없다. 시간을 내어 당신의 글에 도움을 준 모든 사람, 장소, 물건에 감사의 글을 써 보라. 만약 이런 작업을 하지 않는다면 그들은 그저 이름 없는 영웅으로 남을 것이다. 이것은 당신이 바라는 바가 아니지 않은가?

24 day
음식으로 글쓰기

요리책은 단순히 요리법만을 설명하지는 않는다.
단계별로 따라 하기 쉽게 소개하는 요리 방법뿐 아니라
재료 및 도구를 고르는 방법에서부터 음식과 관련된
일화까지 음식과 관련된 다양한 이야기와 정보를 소개한다.
요리책에 음식과 관련된 일화를 싣는다고 생각하고
음식을 소재로 하여 당신의 개인적인 이야기를 펼쳐 보라.

1과 10 사이에서 숫자 하나를 선택하라. 여기에 당신의 이야기 소재로 적절한 음식이 있다.

1. 케이크
2. 채소
3. 음료수
4. 죽
5. 삼겹살
6. 자장면
7. 해산물
8. 파스타
9. 막대사탕
10. 구절판

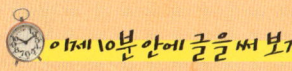
이제 10분 안에 글을 써 보자.

> **글쓰기 Tip**

목표에 다가가기 위한 방법
목표에 다가가는 데 성공적인 방법을 글쓰기에도 적용해 보자.
1. 목표를 향한 구체적인 실천 방안을 계획하라.
2. 매일매일 실천하라.
3. 지금 상태에서 반 발짝 더 전진하라.
4. 다음 발을 내딛기 전에 만족을 느낄 때까지 노력하라.

25 day
당신은 누구십니까?

다음 세 가지를 소재로 이야기를 만들어 보라.

- 초콜릿
- 키스
- 유행가

하지만 이 이야기 속에 등장하는 당신은 현재와는 다른 모습이어야 한다.

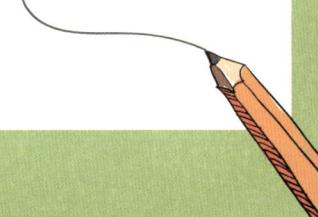

1과 10 사이에서 숫자 하나를 선택하라. 여기 이야기 속에 등장하는 새로운 당신이 있다.

1. 유죄 선고를 받은 범죄자
2. 암이 장기 여덟 군데로 전이된 것을 알게 된 환자
3. 시각장애인
4. 청각장애인
5. 언어장애인
6. 99세 노인
7. 10대 청소년
8. 섹스 칼럼니스트
9. 복권에 당첨된 사람
10. 비정규직 노동자

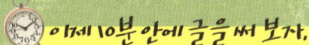
이제 10분 안에 글을 써 보자.

글쓰기 Tip

다른 사람의 입장이 되어 보기

보통 나를 주인공으로 한 1인칭 시점의 글을 쓰는 경우가 가장 많지만 때로는 제3의 인물을 화자로 내세워 1인칭이나 3인칭 시점의 글을 써야 하는 경우도 있다. 이때 가장 유념해야 할 것은 글 속에 자신을 투영하지 않고 철저하게 타인이 되어야 한다는 것이다. 그러나 그것은 매우 어려운 일이다. 이런 경우를 대비해 다양한 사람을 화자로 내세워 글을 쓰는 연습을 해 보자. 당신이 전혀 이해할 수 없는 사람이 되어 글을 써 보는 것도 좋은 방법이다.

26 day
보물찾기

당신의 친구가 작은 물건을 손에 들고 말했다.
"네 눈에는 대단해 보이지 않겠지만 나에게는 보석 같은 물건이야."
그 물건을 자세히 들여다보던 당신에게 재미있는 생각이 떠올랐다.
"이 물건이 왜 네게 그토록 중요한지 이유를 맞춰 볼게."
지금부터 당신이 잘 알고 있다고 생각되는 친구를 떠올려 보자.
당신의 추측을 바탕으로 다음 장에 나오는 물건이 친구에게
왜 그토록 귀중한지 이야기를 만들어 보라.

친구의 이름: _____

1과 10 사이에서 숫자 하나를 선택하라. 당신이 방금 본 물건이 여기 있다.

1. 닭 가슴뼈
2. 백사장 모래 한 움큼
3. 네모난 단추
4. 어금니
5. 조개껍데기
6. 가짜 다이아몬드 결혼반지가 달린 열쇠고리
7. 1/4로 접힌 하트 퀸 카드
8. 껌 반 개
9. 50원짜리 동전
10. 하트 모양의 자갈

 이제 10분 안에 글을 써 보자.

TV 프로그램 하나를 포기하라!

오로지 TV에만 빠져 살던 한 친구가 안일한 삶에서 벗어나 정말 자신이 원하는 것을 하던 순간으로 되돌아가고 싶다고 속마음을 털어놓았다. 친구가 원하는 것은 바로 글쓰기였다. 나는 그 친구에게 거창한 계획을 세우기보다는 TV 프로그램 하나를 포기하고 그 시간에 글을 써 보라고 충고했다. 몇 달 뒤 친구는 자신이 보지 않기로 한 TV 프로그램 방영 시간에 재미있는 어린이 책을 썼다면서 원고 뭉치를 건네주었다.

당신도 글쓰기에 몰입하기 위해서 비생산적인 어떤 일을 포기할 수 있는가? 만약 그렇다면 그 시간에 글을 써 보라. 그 결과는 당신이 기대한 것 이상일 것이다.

27 day
낯선 사람에게 고백하기

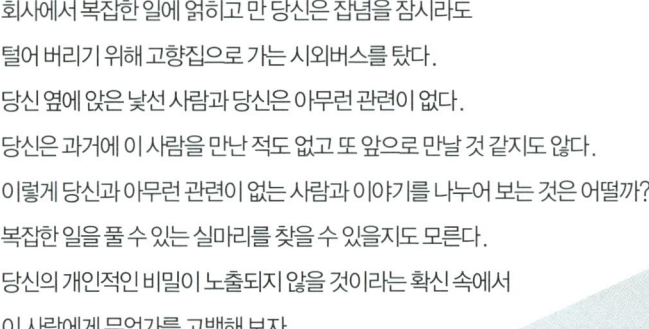

회사에서 복잡한 일에 얽히고 만 당신은 잡념을 잠시라도
털어 버리기 위해 고향집으로 가는 시외버스를 탔다.
당신 옆에 앉은 낯선 사람과 당신은 아무런 관련이 없다.
당신은 과거에 이 사람을 만난 적도 없고 또 앞으로 만날 것 같지도 않다.
이렇게 당신과 아무런 관련이 없는 사람과 이야기를 나누어 보는 것은 어떨까?
복잡한 일을 풀 수 있는 실마리를 찾을 수 있을지도 모른다.
당신의 개인적인 비밀이 노출되지 않을 것이라는 확신 속에서
이 사람에게 무언가를 고백해 보자.

1과 10 사이에서 숫자 하나를 선택하라. 여기에 다섯 개의 단어로 구성된 목록이 있다. 그중 한 단어를 중심으로 당신의 고백을 펼쳐 보라.

1. 위조, 방, 차이나타운, 핫도그, 체인
2. 남자 친구, 총알, 사탕, 갈색 가방, 뇌물
3. 오해, 돈, 살인, 기억, 호떡
4. 꽃병, 응접실, 차량, 폭력, 새우튀김
5. 안개, 대장간, 오물, 사기, 소주
6. 살인 사건, 남편, 사냥, 삼겹살, 상처
7. 해적, 서류, 허가, 피클, 금지
8. 법률, 분실, 약탈, 솜사탕, 사랑
9. 가게, 밀수, 고구마, 이방인, 죄
10. 사고, 방화, 체포, 토마토, 근심

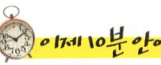
이제 10분 안에 글을 써 보자.

글쓰기 Tip

극복을 위한 고백을 하라!

슬럼프를 극복하려면 먼저 내면 고백을 해야 한다. 종이에 무언가에 대해 고백하는 글을 써서 큰 소리로 읽는다. 그런 다음 자신을 긍정적으로 만드는 말을 종이에 적어라. 처음 고백은 줄을 그어 지우고 거울 앞으로 가서 새로 쓴 긍정적인 문장을 큰 소리로 읽어 본다. 그 문장을 외울 때까지 자꾸 반복해서 읽는다. 이런 행동을 반복하다 보면 어느 순간 자신감 넘치는 자신을 발견할 수 있을 것이다.

28 day
엽기가족

서울에 있는 유명 호텔에서 가족 모임이 있다.
여기서 중요한 것은 당신 가족은 평범하지 않다는 것이다.
가족 모임에서 벌어지는 좌충우돌 사건에 대해 글로 써 보자.

1과 10 사이에서 숫자 하나를 선택하라. 여기에 당신의 가족이 있다.

1. 고리타분한 가족

2. 탐욕스러운 가족

3. 융통성 없는 가족

4. 주관이 없는 가족

5. 미래에서 온 가족

6. 과거에서 온 가족

7. 사기꾼 서커스 단원 가족

8. 소란스러운 가족

9. 고령화 가족

10. 해적 가족

 이제 10분 안에 글을 써 보자.

글쓰기 **Tip**

오래된 가족사진을 이용하라!

오래된 가족사진은 글쓰기에 좋은 소재가 된다. 특히 당신이 보지 못한 오래된 사진이면 더욱 좋다. 사진 속 어떤 한 사람의 입장에서 글을 써 보자. 두 사람 사이의 대화도 만들어 보고, 사진 속 인물의 옷이나 배경에 있는 뭔가를 이용해서 글을 시작해 보아도 좋다.

빛바랜 흑백사진이 있는 앨범을 살살이 뒤져 사진 하나를 고르고 그것을 글 쓰는 장소에 걸어 두라. 당신에게 오래된 가족사진이 없다면 중고품 가게나 벼룩시장에 가 보는 것도 좋은 방법이다. 인터넷으로 '오래된 가족사진'으로 검색을 해도 좋고, 누군가의 가족사진을 빌리는 것도 괜찮다. 사진을 걸어 두고 이야기가 떠오르면 글을 쓰기 시작하라.

29 day
수상한 자동판매기

여덟 시간을 쉬지 않고 운전한 당신이 휴게소에 들렀다.
음료수 자판기에 천 원짜리 지폐를 넣는데
무엇이 문제인지 자판기가 돈을 자꾸 뱉어 냈다.
다른 천 원짜리 지폐를 넣어 보아도 역시나 마찬가지였다.
혹시나 하여 이번에는 만 원짜리 지폐를 넣어 보았다.
이때 아주 강하고 밝은 빛이 터졌다.
정신을 차리고 자판기를 다시 살펴보자 커피, 음료수 등을
판매하는 평범한 자판기가 아니라는 사실을 알게 되었다.

1과 10 사이에서 숫자 하나를 선택하라. 여기에 자동판매기 안에서 곧 밖으로 나오게 될 어떤 것이 있다.

1. 난장이 치과의사 16명 – 엄지손가락만한 치과의사들로 그중 한 명은 어울리지 않는 큰 바늘을 들고 구멍에서 나오고 있다.

2. 산타의 썰매를 끄는 사슴들 – 코가 빨간 루돌프 이외에는 사슴들을 구분할 수 없다. 자동판매기에 있는 아주 큰 구멍으로 나오려고 껑충껑충 뛰고 있다.

3. 단어 카드에 적혀 있는 동음이의어들 – 수백 개의 카드가 구멍에서 한꺼번에 빠른 속도로 빠져 나온다.

4. 무기징역 죄수 – 수갑을 찬 죄수가 화난 얼굴로 자동판매기 속에서 나온다.

5. 개똥 모양의 장난감 – 실제로 개똥인지도 모른다.

6. 멋진 상아를 자랑하는 코끼리 – 포효하는 소리 때문에 땅이 다 흔들릴 지경이다.

7. 은행에서 도둑맞은 돈 – 돈이 기계에서 마구마구 쏟아져 나온다.

8. 자기 자신 – 30년 후의 당신이 나온다.

9. 당신과 오랫동안 연락이 끊긴 사람들 – 기계에서 누구를 꺼낼 것인지 당신이 선택한다.

10. 연예인 – 당신이 좋아하는 유명 연예인이 춤을 추며 나온다.

 이제 10분 안에 글을 써 보자.

글쓰기 Tip

멋진 명언을 기억하라!

유언, 명언, 격언 등은 글 쓰는 데 상당한 동기 부여가 된다. 마음만 먹으면 책이나 웹 사이트 등에서 얼마든지 좋은 말들을 찾을 수 있다. 그런 것을 자주 들여다보면서 창의적인 글에 대한 당신의 의지를 견고히 하라.

30 day
오래된 흙벽 대사건

당신은 1920년경에 지어진 낡은 시골집에 산다.
차일피일 수리를 미루다가 이번에 단단히 마음먹고
이곳저곳을 보수하기로 결심했다.
인부들이 흙벽을 허무는데 한 인부가 놀란 얼굴을 하고
다른 인부에게 작업을 멈추라고 소리쳤다.
그는 당신에게 가까이 오라고 손짓하면서
흙벽 뒤에 있는 무엇인가를 가리켰다.

❓ 1과 10 사이에서 숫자 하나를 선택하라. 다음에 나오는 목록은 그 인부가 가리키고 있던 것이다.

1. 다른 방으로 난 문
2. 자물쇠로 잠겨 있는 금속 상자
3. 미라가 된 시체
4. 손으로 쓴 요리책
5. 범상치 않아 보이는 청동검
6. 울퉁불퉁한 물체를 싸고 있는 보따리
7. 뼈 더미
8. 오래된 책 한 권
9. 옛날 종이돈 뭉치
10. 금전 출납부와 차용증서

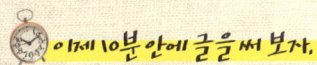
이제 10분 안에 글을 써 보자.

글쓰기 Tip

상반된 요소를 지닌 인물을 그려라!
나는 회사 워크숍이나 친목 모임에서는 소극적이지만 대규모 군중 앞에서 연설할 때면 매우 적극적으로 행동한다. 당신에게도 이런 상반되는 모습이 있는가?
모든 사람에게는 다 이런 상반되는 요소가 있다. 그러므로 글 속에 등장하는 인물들도 이러한 입체적인 성향이 나타나야 한다. 인물에 상반되는 성격을 부여하면 생동감이 살아나고 독자들도 인물을 통해 더욱 풍부한 감정을 느낄 수 있다. 당신 주변에 있는 사람에게서 모순되는 성향을 찾아보고 등장인물에 이런 요소를 가미해 보라. 그러면 입체적인 인물이 보여 주는 매력을 확연히 느끼게 될 것이다.

PART 03
순발력 Up

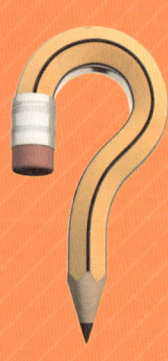

31 day
점을 연결하라

종이 여기저기에 열다섯 개의 점을 자유롭게 찍어 보자.
그런 다음에 점들이 한 줄로 이어지도록 선으로 연결한다.
그러면 아래의 그림처럼 들쭉날쭉한 어떤 모양이 만들어질 것이다.
당신이 어린이라면 이 그림 안에 색칠을 하겠지만
성인인 당신은 그 안에 글을 써야 한다.

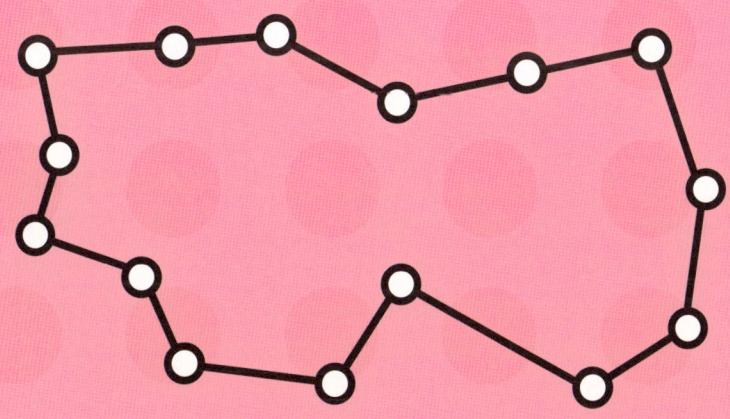

1과 10 사이에서 숫자 하나를 선택하라. 다음 문장을 시작으로 그림 안에 글을 써 보자.

1. 콧등의 점을 뺀 후로

2. 그림 한 점을 부탁한

3. 푸른 점을 보고

4. 가장 주의할 점은

5. 결국에는 원점으로

6. 상당한 면적을 점(차지)하고 있는

7. 아침 일찍 식료품점(슈퍼마켓)에 달려갔는데

8. 고기 한 점 먹지 못하고

9. 늘 백점을 맞고

10. 바람 한 점 불지 않는

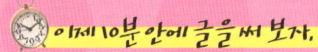
이제 10분 안에 글을 써 보자.

일단 글쓰기를 마치면 큰 소리로 그 내용을 읽어 보고 이 그림 바깥쪽 여백에 자신의 글에서 마음에 드는 부분을 메모해 보라. 예를 들면 글의 분위기, 성격, 특정 단어, 감각적인 묘사, 결말, 목소리, 어휘 사용, 시점, 그림의 모양이 글쓰기에 미친 영향 등등. 가장자리 여백이 다 채워질 때까지 자신의 글에 대한 좋은 점들을 써 나가 보자. 오늘 글쓰기를 시도한 일, 즐거운 마음으로 연습문제에 임한 일 등을 포함해서 자신을 칭찬하는 글을 써 본다. 또 다른 재미를 느낄 수 있을 것이다.

글쓰기 Tip

점을 연결하듯이 글을 써라!
초고를 쓰는 것은 어떤 면에서는 점을 연결하는 것과 같다. 먼저 종이 위에 열다섯 개의 점을 찍는 것과 마찬가지로 머릿속에 떠오르는 대로 마구 적어 보자. 그 다음 단계로 적은 글을 다시 보고 이해하면서 점을 연결하듯이 이야기의 순서를 만든다. 그런 다음 마치 모양을 채워 나가는 것처럼 빠뜨린 부분을 채워 넣거나 필요 없는 부분을 없앤다.

초고가 완성되면 큰 소리로 한 번 읽어 보고 퇴고를 시작한다. 퇴고할 때는 아까 여백에 썼던 것처럼 언제나 자신의 장점을 인정하고 칭찬하면서 용기를 북돋워 주어야 한다.

32 day
소용돌이

노트에 매 줄마다 필기체 *e*를 쓰듯
소용돌이 모양을 연결해서 계속 그려 보자.

필기체 *i*를 점만 빼고 쓰는 게 더 쉽다면 그렇게 해도 좋다.
한 쪽을 다 채우면 옆의 그림처럼 소용돌이 모양이 될 것이다.

이제 소용돌이 모양 위에 글을 써 보자.
소용돌이 모양을 그릴 때처럼 글을 빠르게 써야 한다.
쓸 내용이 더 이상 떠오르지 않으면 새로운 아이디어가 떠오를 때까지 썼던 말을
계속 반복해서 쓴다. 무엇을 썼는지 알아볼 수 없을지도 모르지만
걱정할 필요는 없다. 이 연습은 글쓰기에 임하는 자세에 대한
훈련이지 내용에 관한 것이 아니기 때문이다.

1과 10 사이에서 숫자 하나를 선택하라. 여기에 소용돌이가 그려진 종이 위에 쓸 글의 첫 문구가 있다.

1. 필적 감정가는

2. 그는 마침표를 찍는 대신

3. 상형문자가 새겨진 그 바위는

4. 연필을 다시 쥐어 보려 했지만

5. 동굴 벽에 쓰여진 글은

6. 5학년 때 선생님이 글씨를 잘 쓴다고 말씀하신 후로

7. 형사는 그 필체를 보고

8. 그가 쓴 편지의 내용은

9. 무명의 역도 선수가 공들여 해 준 사인은

10. 그녀는 자신의 빨간 곱슬머리가

 이제 10분 안에 글을 써 보자.

글쓰기 Tip

글이 막힐 때는 소용돌이를 그려라!
글이 생각만큼 잘 써지지 않으면 종이 전체에 소용돌이 모양을 그려 보자. 소용돌이 모양을 계속 그리다 보면 우뇌가 활동하기 시작할 것이다.
손과 머리가 잘 훈련된 상태라면 바로 우뇌가 활동하기 시작하면서 소용돌이 모양을 오래 그릴 것도 없이 글을 쓸 수 있게 된다.

33 day
기조연설자

한 단체가 관련 사안에 대해 해박한 지식을 보유한 당신에게
기조연설을 의뢰하였다. 그런데 행사 시작 10분 전에
행사를 주관하는 담당자가 오더니 호텔 측이 실수로
이중 예약을 받는 바람에 같은 시간에 같은 장소를 두 단체가
함께 사용하게 되었다고 하는 것이 아닌가?
즉 예정에 없던 사람들도 공감할 수 있는 내용으로
바꿔서 연설을 해 달라는 것이다.
담당자는 '초대받지 않은 단체' 명단을
당신에게 넘겨 주고는 곧바로 사라졌다.

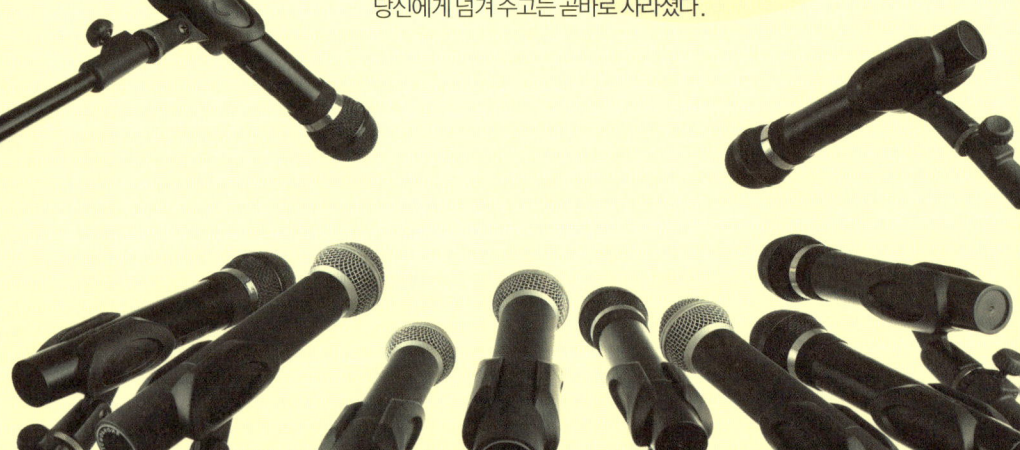

1과 10 사이에서 숫자 하나를 선택하라. 여기에 당신을 초대한 단체 명단과 새로운 단체 명단이 있다.

※ 이 단체들은 임의로 만든 것이 아니며 현존하거나 과거에 있었던 단체들이다.

1. 당신을 초대한 단체 : 미스터리 동호회 | 새로운 단체 : 인내력 단련 협회
2. 당신을 초대한 단체 : 매운맛 동호회 | 새로운 단체 : 스뎅을 사랑하는 사람들의 모임
3. 당신을 초대한 단체 : 쌍둥이엄마 동호회 | 새로운 단체 : 음주운전 동호회
4. 당신을 초대한 단체 : 희귀애완동물 동호회
   새로운 단체 : 교복을 입고 만나는 이색 친목 동호회
5. 당신을 초대한 단체 : UFO 동호회
   새로운 단체 : 지구가 네모나다고 생각하는 사람들의 모임
6. 당신을 초대한 단체 : 이혼남 동지 모임 | 새로운 단체 : 모태 솔로들의 모임
7. 당신을 초대한 단체 : 살찌고 싶은 사람들의 모임
   새로운 단체 : 키티를 좋아하는 사람들의 모임
8. 당신을 초대한 단체 : 털 많은 사람들의 모임 | 새로운 단체 : 펜 돌리는 사람들의 모임
9. 당신을 초대한 단체 : 케첩을 사랑하는 사람들의 모임
   새로운 단체 : 맛있는 짬뽕을 찾는 사람들의 모임
10. 당신을 초대한 단체 : 한국 가루화장 동호회 | 새로운 단체 : 느타리버섯 동호회

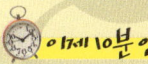 이제 1분 안에 글을 써 보자.

글쓰기 Tip

새로운 것을 배우거나 시도하라!
글쓰기에 새로운 시각을 부여하는 방법 중 하나는 새로운 것을 배우거나 시도하여 기존 인식의 범위를 좀 더 확대하는 것이다. 평소에 듣지 않던 라디오 채널 청취하기, 새로운 장르의 책이나 DVD 빌려 보기, 낯선 동네 걸어 다니기, 엘리베이터 대신 계단 이용하기, 다른 길로 운전하기, 자원봉사하기 등이 새로운 시각을 얻을 수 있는 방법들이다.

34 day
선택의 기로에서

매일매일 우리는 다양한 선택의 순간에 직면한다.
아래에 있는 목록을 보고 나란히 있는 두 단어 중에 더 좋아하는 단어를 표시하라. 둘 중에 좋아하는 게 없더라도 꼭 하나는 선택해야 한다.

종이	플라스틱
고양이	개
코카콜라	펩시콜라
아침형 인간	저녁형 인간
바닐라	초콜릿
스피드	여유
가득 차 있는	여백이 있는
뜨거운	차가운
케첩	고추장
외국	국내
왼쪽	오른쪽
커피	녹차
바다	산
<u>스노보드</u>	윈드서핑
버스	지하철
피자	빈대떡

이제 당신이 표시하지 않은 모든 단어를 당신의 글에 사용해 보라.

1과 10 사이에서 숫자 하나를 선택하라. 여기에 당신의 글에 삽입해야 할 문구가 있다.

1. 그날의 선택이 나에게
2. 한 사람을 꼭 선택해야 한다면
3. 너의 선택에 따라
4. 기다릴지 말지는 나의 선택이지만
5. 선택의 폭을 넓혀
6. 왜 내가 선택되었는지는 모르지만
7. 선택적 제약이 따른다는 걸 알면서도
8. 선택 사항이 너무 많아서
9. 최종 선택은 그 사람의 몫이어서
10. 나의 선택에 따라

 이제 10분 안에 글을 써 보자.

글쓰기 Tip

쓸 것인가? 말 것인가?

글쓰기로 말하자면 매일 당신은 두 가지 선택의 기로에 서게 된다. 쓸 것인가? 말 것인가? 다음 두 개의 문장을 완성하라. 각각 세 개의 다른 대답으로 성의껏 답변하라.

내가 오늘 글을 쓴다면, 나는 _____
내가 오늘 글을 쓰지 않는다면, 나는 _____

여섯 개의 대답을 보면서 어떤 답변이 당신의 건강, 미래에 유익한 것인지 생각해 보라. 어쩌면 글을 쓰지 않는다고 선택한 것이 좋은 것일 수도 있고, 또는 쓰기로 결정한 것이 당신에게 가장 좋은 선택일 수도 있다. 대답을 잘 비교해 보면서 어느 선택이 좋은지 판단해 보라.

35 day
연상작용을 통한 글쓰기

'나는 기억한다.'라는 문장이 들어가는 글을 써 보자.
연상되는 것들을 써 나가면서 또 다시
'나는 기억한다.'라는 문장을 이어 보자.
정해진 시간이 다할 때까지 연상되는 사건을
바탕으로 빠르게 글을 써 보자.

예: 나는 S 회사에서 주최하는 바비큐 파티에 간 일을 기억한다. 우리는 거기서 열린 댄스 경연에서 우승했다. 상품은 그 지역에 있는 라디오 방송국이 협찬한 음반이었다. 나는 그 방송국 디제이가 얼마나 말을 많이 했는지 기억한다. 나의 첫 룸메이트였던 지현이는 DJ가 되고 싶었지만 불행히도 화학자가 되었다. 나는 고등학교 때 화학 과목에서 거의 낙제할 뻔했던 일을 기억한다. 학기 중간에 새로운 선생님으로 바뀌어 다행히 B학점으로 학기를 마칠 수 있었다. 나는 치과에서 아산화질소로 마취했던 일을 기억한다……

1과 10 사이에서 숫자 하나를 선택하라. 여기에 '나는 기억한다.'는 내용의 문장이 있다.

1. … 을 입었던 것을 기억한다.
2. … 을 선물했던 것을 기억한다.
3. … 을 좋아했던 것을 기억한다.
4. … 을 먹었던 것을 기억한다.
5. … 을 기다렸던 것을 기억한다.
6. … 을 잡고 있었던 것을 기억한다.
7. … 을 초대했던 것을 기억한다.
8. … 에 들어갔던 것을 기억한다.
9. … 에게 혼났던 것을 기억한다.
10. … 을 원했던 것을 기억한다.

 이제 10분 안에 글을 써 보자.

글쓰기 Tip

연상작용을 통한 기억 훈련법

목록을 잘 기억하는 방법은 목록에 있는 숫자와 운을 이루는 단어를 함께 기억하는 것이다. 일=실, 이=시, 삼=잠과 같이 숫자와 운을 이루는 단어를 임의로 정한다. 다음 단계는 목록에 있는 실제 항목을 임의로 정한 단어와 연결 짓는 것이다.

목록에 있는 첫 번째 항목이 오렌지라면 오렌지와 실을 시각적으로 연결한다. 실로 오렌지를 꿰매 오렌지 인형을 만드는 것을 상상해 보라. 이미지를 과장할수록 기억하기 쉽다. 두 번째 항목이 하늘이라면 하늘이라는 주제로 시를 쓰는 상상을 하라. 아이디어가 떠오르는데 그것을 적을 종이가 없다면 그 아이디어에 부분적으로 숫자를 매기고 이 방법을 적용해 보라.

36 day
현행범

당신을 범죄자라고 믿고 있는 사람의 눈에 당신은 영락없는 범죄자이다. 당신은 현행범으로 잡혔을 수도 있고, 알리바이를 증명해야 하는 상황일 수도 있다. 그렇다면 이 상황을 1인칭 시점과 현재 시제로 써 보자. 다른 화자는 없다. 당신을 잡은 사람은 말을 하지 않으며 당신은 이 곤경에서 벗어나기 위해 최선을 다해 상대방을 설득해야 한다. 당신을 잡은 사람이 당신을 보고 있는 바로 그 상황에서부터 이야기를 시작해 보자.

1과 10 사이에서 숫자 하나를 선택하라. 여기에 당신의 정체와 당신이 한 일(혹은 했다고 오해받는 일) 그리고 당신을 잡은 사람이 있다.

	당신은 누구인가?	무엇을 하고 있었는가?	누가 잡았는가?
1	백수	책 대여점을 겸한 슈퍼에서 배트맨 만화책을 훔치던 중	가게 주인
2	고등학교 1학년생	옆 학생의 시험 답안지를 훔쳐 보던 중	시험 감독 선생님
3	중학생	방과 후 교실에서 담임 선생님의 책상서랍을 열어 보던 중	담임 선생님
4	보모	집주인의 지갑을 열어 보던 중	당신의 이웃이자 당신이 돌봐 주는 아이의 집주인
5	편의점 아르바이트생	가게에서 가져온 물건을 가방에 넣던 중	당신이 다니는 대학교의 교수
6	고령의 할머니	참치캔 세 개를 코트 주머니에 넣던 중	여 경찰
7	프로 야구 선수	삼진아웃을 당해 팀을 패배로 이끈 뒤 상대방 팀으로부터 무언가를 받던 중	당신의 팀 감독
8	무당	끝이 뭉툭한 작두를 타던 중	카메라를 들고 나타난 카메라맨
9	부모	자녀의 일기장을 몰래 보던 중	당신의 10대 자녀
10	휴가 나온 군인	편의점에서 성인 잡지를 훔치던 중	당신의 여자친구

이제 10분 안에 글을 써 보자.

글쓰기 Tip

글을 쓰는 사람에게 필요한 손가락 운동

글을 오래도록 쓰려면 손을 잘 관리해야 한다. 간단한 손가락 운동을 소개한다. 손가락을 최대한 쫙 편다. 그런 다음 아주 천천히 손을 오므려 주먹을 만든다. 이제 다시 천천히 손을 쫙 펴면서 처음 상태로 되돌아간다. 그런 다음 양손을 옆으로 자연스럽게 떨군다. 손가락이 유연해지는 것뿐 아니라 몸 전체가 가벼워지는 것을 느낄 수 있을 것이다.

37 day
액자 걸어 두기

아래의 왼쪽 그림처럼 종이 전체에 액자 모양을 그리되 사진이 들어가는 공간보다 사진틀의 공간을 더 크게 만들어라. 주어진 주제에 따른 당신의 사고 과정, 생각나는 단어나 문구, 노랫말 등 머리에 떠오르는 어떤 것이라도 써 보라. 사인펜이나 색연필을 사용하라. 글자 크기나 글 쓰는 방향을 자유롭게 하고 그림도 넣어 본다. 가운데는 사진을 붙이거나 특별한 인용문을 넣을 수 있게 아무것도 쓰지 말고 비워 둔다. 그리고 이렇게 만들어진 종이 액자를 당신의 책상 앞에 걸어 두라. 나중에 글의 소재가 필요할 때 이 액자를 보면 당신을 기다리고 있는 소재들을 발견할 것이다. 오른쪽은 완성된 샘플이다.

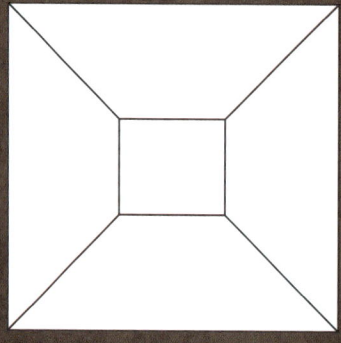

1과 10 사이에서 숫자 하나를 선택하라. 여기에 당신이 액자 속에 채워야 할 이야기들의 주제가 있다.

1. 성공
2. 생일
3. 결혼
4. 여름
5. 사랑
6. 친구
7. 기념일
8. 선물
9. 미래
10. 포옹

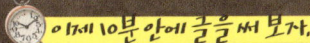 이제 10분 안에 글을 써 보자.

영감을 주는 선물 만들기

당신이 만든 액자는 친구에게 영감을 주는 훌륭한 선물이 될 것이다. 이 외에도 당신이 만들 수 있는 또 다른 선물이 있다. 그중 하나는 영감을 담은 종이컵이다. 컵에 사고를 자극하는 글을 써서 선물해 보라. 또 하나는 잡지 각 페이지의 여백에 아이디어나 글의 길잡이가 될 만한 글을 써서 주는 것이다. 어떤가? 한 번 시도해 보라.

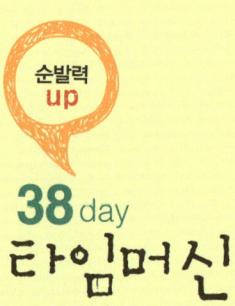

38 day
타임머신

타임머신을 타고 과거로 갈 수 있다면 당신은 어느 순간으로 갈 것인가? 과거로 돌아간다고 상상하고 과거에 일어났던 일 네 가지에 대해 생생하게 글로 써 보자. 단, 각 이야기는 서로 관련이 없어야 한다.

1과 10 사이에서 숫자 하나를 선택하라. 여기에 당신의 기억을 떠올리는 네 개의 소재가 있다. 각 소재와 관련된 과거의 어느 한순간에 대해 글을 써 보자.

1. 생일, 옥수수, 엄지손가락, 개
2. 발가락, 케이크, 나침반, 수영
3. 바닐라, 상처, 용돈, 상(賞)
4. 손전등, 감자, 실수, 이웃
5. 무릎, 양파, 놓치다, 별
6. 자동차, 포도, 지갑, 재채기
7. 껌, 기다림, 소원, 머리카락
8. 여자, 쿠키, 자전거, 커피
9. 대회, 수건, 남자, 무당벌레
10. 배, 토마토, 수영복, 다치다

이제 10분 안에 글을 써 보자.

> 글쓰기 Tip

꾸물거리는 시간을 체크하라!
지금까지 당신의 글쓰기 작업 과정을 돌아보면서 꾸물거리는 순간은 없었는지 생각해 보라. 자신이 언제 꾸물거리는지를 알아낸다면 그것은 매우 중요한 정보가 될 것이다. 일단 자신이 산만해지는 순간을 찾아라. 그 순간에 산책을 하거나 차를 마시면서 정신을 집중하기 위한 충전의 시간을 가져라. 그러면 글을 쓸 때 더 집중할 수 있을 것이다.

39 day
트리플 플레이

이번에는 글 쓰는 시간을 3등분해서 세 개의 이야기를 써 보자.
세 개의 이야기는 각기 다른 단어로 시작되어야 한다.
각각 3분씩 9분 동안 글을 쓰고 난 뒤 나머지 1분 동안은
큰 소리로 글을 읽어 보자. 세 개의 글에서 공통되는 문장의
형식이 발견된다면 그것이 바로 당신 문체의 특징이다.

1과 10 사이에서 숫자 하나를 선택하라. 3분짜리 글 세 개에 각각 쓰일 단어의 목록이 있다.

1. 놀이터, 차곡차곡, 결국
2. 가난, 빨리, 경주
3. 유니폼, 주전자, 갈매기
4. 안개, 저금통, 감자튀김
5. 거부, 오리, 교회
6. 강, 비밀, 학교
7. 향기, 화분, 기다림
8. 맛, 그녀, 유죄
9. 우리, 하와이, 목소리
10. 네온사인, 요가, 어젯밤

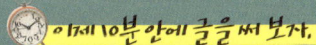
이제 10분 안에 글을 써 보자.

글쓰기 Tip

달성 가능한 목표를 세우기 위한 세 가지 기준
1. 단기간 안에 이룰 수 있는 목표를 설정하라.
2. 달성할 수 있는 범위 안에서 현실적으로 만들어라.
3. 목표에 대한 책임감을 유지하기 위해 다른 사람도 당신의 목표를 알게 하라.

이 세 가지 기준을 생각하면서 글쓰기와 관련된 목표 세 가지를 정해 보자.

PART 04

집중력 Up

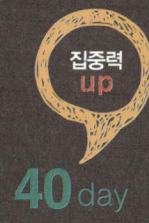

40 day

비상용 단어 발전기

눈을 감고 아래 노란 글자가 있는 곳에 손가락을 가져다 대보자.
눈을 떠 손가락이 가리키는 단어를 확인하고
그 단어를 소재로 하는 이야기를 만들어 보자.
비상용 단어 발전기는 글의 소재가 떠오르지 않을 때
이용하면 편리한 도구이다. 이 발전기에는
이백 개의 단어가 저장되어 있으므로 생각이
떠오르지 않을 때마다 언제든지 사용할 수 있다.

초콜릿, 석영, 돈, 근육, 손잡이, 유혹, 지우개, 샌들, 화성, 달, 거품, 탕헤르 사람, 피, 먼지, 런던, 쓰레기, 밸브, 히치하이크, 크레용, 유죄, 경련, 휴일, 전복, 고립, 실로폰, 빛나다, 제2차 세계 대전, 라일락, 헬륨, 연, 코너, 광견병, 악어, 도박, 예상, 화산, 방아쇠, 칼, 오리온자리, 꼬마 요정, 가지다, 레몬, 균형, 두루마리, 아이스크림, 기회, 파리, 새끼 고양이, 혹, 소용돌이, 눈, 고래, 타원형, 우물, 오토바이, 초상화, 퀴즈, 사진, 지퍼, 분출하다, 해왕성, 충격, 해야만 한다, 흰개미, 번개, 긴급, 대장, 정어리, 이글루, 아기, 웃음, 망고, 판사, 일화, 오랑우탄, 많다, 기아, 순교자, 생각, 솔로, 다이아몬드, 지키다, 오다, 엉덩이, 코르덴, 오케스트라, 화물, 싸움, 궤도, 가발, 노끈, 걸치다, 오줌, 모래, 부모, 어제, 승리, 장(章), 커튼, 우박, 습기, 상어, 파도, 목소리, 장식, 도둑, 올리브, 창백하다, 얼굴, 변덕, 카펫, 웃다, 가게, 장인, 기울어지다, 오염, 빈민가, 포도, 굴, 이브, 오리, 숙명, 용기, 정치학, 점프, 던지다, 반짝반짝, 오이, 섬, 습관, 유목민, 질투, 버섯, 감각, 운명, 언어, 브래지어, 봉투, 푸딩, 삼나무, 상처, 메신저, 순록, 날렵하다, 분화구, 던지다, 숨쉬다, 호박, 구멍, 사라지다, 국경, 수박, 악몽, 엑스레이, 부드럽다, 신경, 서류, 외국, 식탁보, 편안하다, 고드름, 취약하다, 판타지, 가위, 백만장자, 구멍, 냄새, 졸업장, 비행기, 조상, 짜증나다, 심판, 농담, 농부, 쇠고기, 홍채, 몸값, 비명, 곰, 구르다, 살충제, 연, 캠프, 유령, 펑크, 마멀레이드, 게걸스럽다, 은둔자, 유혹하다, 램프, 마티니, 우유, 파트너, 하지, 박수치다.

1과 10 사이에서 숫자 하나를 선택하라. 여기 당신의 글에 사용해야 하는 문장이 있다. 비상용 단어 발전기에서 고른 단어를 사용하여 이야기를 만들어야 한다.

1. 일곱 살이 되던 해 나는 평생 잊을 수 없는 신비한 체험을 했다.

2. 금빛 파도가 넘실거렸다.

3. 젊은 댄스 강사가 그녀의 손을 잡았다.

4. 베토벤의 흉상이 바닥에 떨어졌다.

5. 길 한가운데 떨어져 있는 검정색 책가방을 우연히 주웠다.

6. 겉으로는 아무것도 달라진 것이 없었다.

7. 그녀는 주황색 운동화를 신은 사람 중에 하나였다.

8. 그녀는 자신이 있던 자리에 코코넛 로션 향을 남겼다.

9. "제발 이리로 좀 와 줘요." 그녀는 애원했다.

10. 어느 날 오후 해변가에 버려진 유리를 주우면서 생각했다.

이제 10분 안에 글을 써 보자.

글에 시동을 걸어라!

차에 배터리가 나갔을 때 충전 케이블로 시동을 걸 듯이 글을 쓰는 사람도 언제든지 시동을 걸 수 있다. 창문 밖을 내다보면서, 길을 걸으면서, 사람들 신발이나 얼굴 표정을 살펴보면서, 식탁 위 또는 자신의 내면을 들여다보면서도 시동을 걸 수 있다. 사람들 이야기에 귀 기울여 보고 새로운 음식을 맛보고 카페에서 커피 향도 음미해 보라. 또는 누군가에게 문장의 처음을 어떻게 시작할지에 대해 물어보는 것도 좋은 방법이다. 지금 이 내용을 메모해서 지갑에 넣고 다녀라. 언젠가 글이 써지지 않을 때 많은 도움이 될 것이다.

41 day
뛰어난 감각

종이에 원을 그리고 원 바깥쪽으로 다섯 개의 선을 그린다. 원 안에 색깔 하나를 골라 적어 보자. 선택한 색깔이 어떤 느낌으로 다가오는지 가만히 느껴 본다. 이 색깔을 다섯 가지 감각에 적용하면서 그때마다 바로 떠오르는 생각을 적어 보자. 어떤 감각은 바로 떠오를 것이고 어떤 감각은 한참 동안 생각해야 할 것이다.

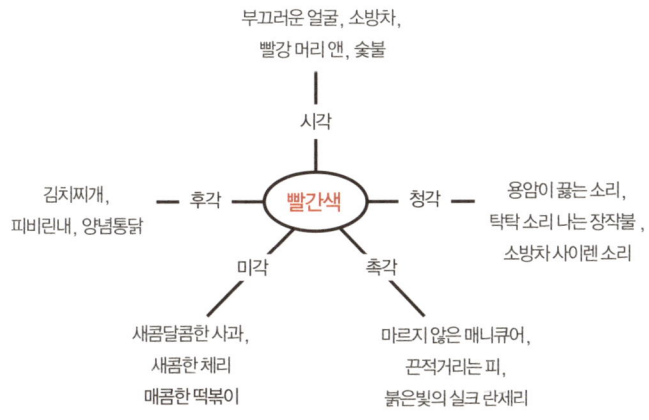

1과 10 사이에서 숫자 하나를 선택하라. 여기에 원 안에 들어갈 색깔이 있다.

1. 노란색

2. 검정색

3. 흰색

4. 금색

5. 파란색

6. 초록색

7. 갈색

8. 분홍색

9. 보라색

10. 주황색

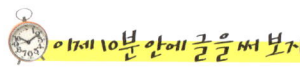 이제 10분 안에 글을 써 보자.

글쓰기 Tip

사람의 특징을 기억하라!
당신이 살아오면서 만난 다양한 사람에 대해 생각해 보자. 사람들의 생김새, 옷차림, 행동, 말투, 걷는 모습, 채취 등에 대해 적어 본다. 이런 과정은 당신의 글에 필요한 인물을 만들거나 등장인물의 특징을 부각시킬 때 도움이 되는 좋은 방법이다. 등장인물에 주변 사람들에게서 볼 수 있는 특징을 적용하는 것도 아주 재미있는 일이다.

얼굴을 따라서

우리 얼굴에는 많은 이야기가 담겨 있다.
각 부분을 집중해서 살펴보면 과거에 일어났던
많은 이야기를 떠올릴 수 있다.
예를 들어, 턱에는 자전거를 타다 넘어진 이야기가 있을 수 있고,
입에는 키스와 관련된 이야기가 담겨 있을 수 있다.

1과 10 사이에서 숫자 하나를 선택하라. 여기에 이야기를 떠올리게 할 얼굴의 한 부분이 있다.

1. 머리카락
2. 뺨
3. 귀
4. 치아
5. 목
6. 혀
7. 턱
8. 눈
9. 이마
10. 코

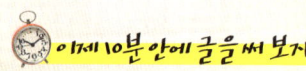
이제 10분 안에 글을 써 보자.

글쓰기 Tip

내면의 비평가를 없애라!
우리 머릿속에는 내면의 비평가가 존재한다. 이 비평가는 두려움, 자기 회의, 타인과의 비교, 완벽주의를 먹고 산다. 비평가의 식욕은 엄청나다. 다른 사람이 아니라 바로 자신이 이런 비평가를 살찌우고 그에게 영원한 생명을 부여한다. 하지만 이제는 그러지 말자. 비평 대신 칭찬과 자신감을 가져 보자. 두려움이 아니라 즐거운 마음으로 모험하듯이 모든 경험에 다가가 보자. 그러면 곧 내면의 비평가는 달아날 것이다. 모든 것을 있는 그대로 내버려 두라. 그러면 당신은 더욱 창의적으로 바뀔 것이다. 우리의 목표는 창의적인 글쓰기를 하는 것이 아닌가?

집중력
up

43 day

넘치게 혹은 모자라게

이번에는 규칙을 조금 바꾸어 보자.
의도적으로 더 오래 쓰거나 짧게 써 보라.
평소에 10분이라는 시간이 부족했다면 20분으로 늘려 보고
시간이 남았다면 글 쓰는 시간을 5분으로 줄여 본다.
글 쓰는 시간을 늘린 경우에는 그만큼 더 깊이 있게
쓰기 위해 노력해야 하고, 글 쓰는 시간을 줄인 경우에는
짧은 시간 안에 핵심적인 글을 쓸 수 있도록 노력해야 한다.

1과 10 사이에서 숫자 하나를 선택하라. 다음은 10분 이상 또는 10분 이하로 글을 쓸 때 필요한 주제이다.

1. 원했던 것보다 부족했던 상황에 대해 써 보자.
2. 필요한 것보다 더 많았던 상황에 대해 써 보자.
3. 노력한 성과물이 생각만큼 미치치 못했던 상황에 대해 써 보자.
4. 준비가 덜 되었던 상황에 대해 써 보자.
5. 예상했던 것보다 덜 소비했던 상황에 대해 써 보자.
6. 필요한 것보다 더 많이 소비했던 상황에 대해 써 보자.
7. 필요한 것보다 더 많이 얻었던 상황에 대해 써 보자.
8. 필요 이상으로 더 많이 도와주었던 상황에 대해 써 보자.
9. 예상보다 좋은 결과가 나왔던 상황에 대해 써 보자.
10. 받을 만큼 정확히 받지 못했을 때의 상황에 대해 써 보자.

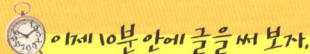
이제 10분 안에 글을 써 보자.

글쓰기 Tip

긍정적인 생각을 하라!
당신이 글을 쓰는 직업을 가지고 있든 아니든 글을 쓰는 사람이라면 원래 성향보다 좀 더 긍정적으로 생각하는 것이 도움이 된다. 예를 들어, 거절 편지를 오히려 수락에 한 걸음 더 다가갔다고 생각하는 것이다. 애착이 느껴지는 이야기의 한 부분이 편집 과정에서 왕창 잘려 나갔다면 오히려 잘려 나간 부분을 이용하여 새로운 이야기를 만들 궁리를 할 수도 있다. 좋지 않은 상황에서도 긍정적인 측면을 찾으려는 노력을 게을리하지 않을 때 당신은 행복하게 글을 쓸 수 있을 것이다.

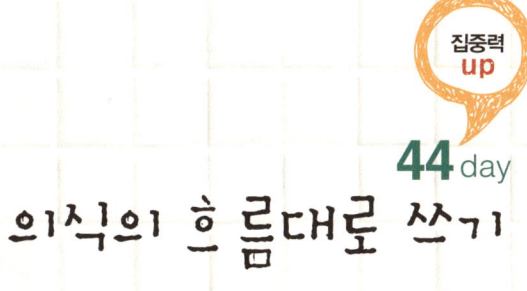

44 day
의식의 흐름대로 쓰기

그림을 보고 머릿속에 떠오르는 모든 생각을 글로 표현해 보자.
어떤 것도 걸러 내지 말고 머릿속에 떠오르는 것들을 써 보자.
좋은 주제가 머릿속에서 떠오를 때까지 자유롭게 쓰다가
주제가 떠오르면 남은 시간 동안 그 주제와 연결해서 써 보자.

1과 10 사이에서 숫자 하나를 선택하라. 여기에 의식의 흐름대로 써 내려갈 그림이 있다.

1.
2.
3.
4.
5.
6.
7.
8.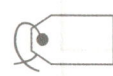
9.
10.

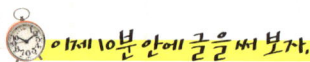

글쓰기 Tip

일주일분의 글쓰기 목표를 세워라!

당신에게 일주일분의 약통이 있다면 그것을 다 비우고 각 칸에 매일 실천할 수 있는 글쓰기 목표를 채워 넣어라. 그 통을 욕실에 놓고 매일 아침 양치질하면서 열어 보고 그 일을 해낼 때까지 하루 종일 그 목표를 생각하라. 목표를 이루면 바로 새 목표를 종이에 써서 다음 주에도 똑같이 활용한다.

45 day

중간 지점에서 되돌아보기

만약 당신이 글을 쓰는 10분 사이의 어느 지점에
암초처럼 문장 하나가 떡 하니 버티고 있다면 어떨까?
기존에 써 오던 내용과 자연스럽게 이어지게 하기 위해서
첫 문장부터 신경 써야 할 것이다. 먼저 주어진 10분 안에
당신이 쓰는 글의 평균적인 분량을 알아 놓자.
그리고 중간쯤 되는 곳에 표시를 해 보자.

1과 10 사이에서 숫자 하나를 선택하라. 여기 당신의 글 중간에 버티고 있는 문장이 있다.

1. 그를 그리워하는 것은 생각보다 힘들지 않았다.
2. 우리는 청소하면서 노래를 불렀다.
3. 나는 죽을 힘을 다해 매달려 있었다.
4. 결국 나는 항복했다.
5. 그는 우리가 기대했던 것보다 훨씬 더 많은 것을 알았다.
6. 우리는 태양이 떠오르기를 기다렸다.
7. 그는 한쪽 무릎을 꿇고 청혼했다.
8. 그의 귀에 대고 속삭이듯 말했다.
9. 우리는 물에 흠뻑 젖은 채 서 있었다.
10. 우리는 특수학교에 보내졌다.

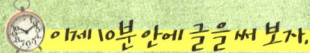
이제 10분 안에 글을 써 보자.

글쓰기 Tip

멈추지 말고 글을 쓰라!

글을 쓸 때 종종 앞으로 나아가지 못하는 상황이 발생한다. 자신의 글에 논리적인 결함을 발견했거나 더 이상 다음 문장에 대해 어떤 것도 생각나지 않을 때 글을 멈추게 된다. 글을 쓰다가 중단하면 오롯이 우뇌가 작업을 진행해야 하는 글쓰기 연습에 좌뇌의 문이 열린다. 좌뇌에는 내면의 비평가와 교정자가 살고 있어 글을 전개해 나가는 데 더욱 방해가 된다. 그러므로 중간에 멈추지 않기 위해서 꾸준히 글을 쓰는 습관을 들여야 한다.

집중력 up

46 day

생각 더미

생각하고 있는 것들을 글로 쏟아 내려면 머릿속에 떠다니는 모든 것을 적어 보아야 한다. 하나의 단어에 대해 생각하고, 경험하고, 원하는 모든 것을 종이에 적어 보라. 이 종이를 생각 더미라고 부르자. 꼬리에 꼬리를 물고 쓰다 보면 처음 단어에서 많이 멀어져 있을 것이다. 더 이상 쓸 것이 없어지면 원래 단어로 돌아가 다시 시작해도 좋다. 그러다 보면 생각지 못한 좋은 글쓰기 소재가 떠오를 것이다. 의문을 품지 말고 지금 당장 시작해 보라.

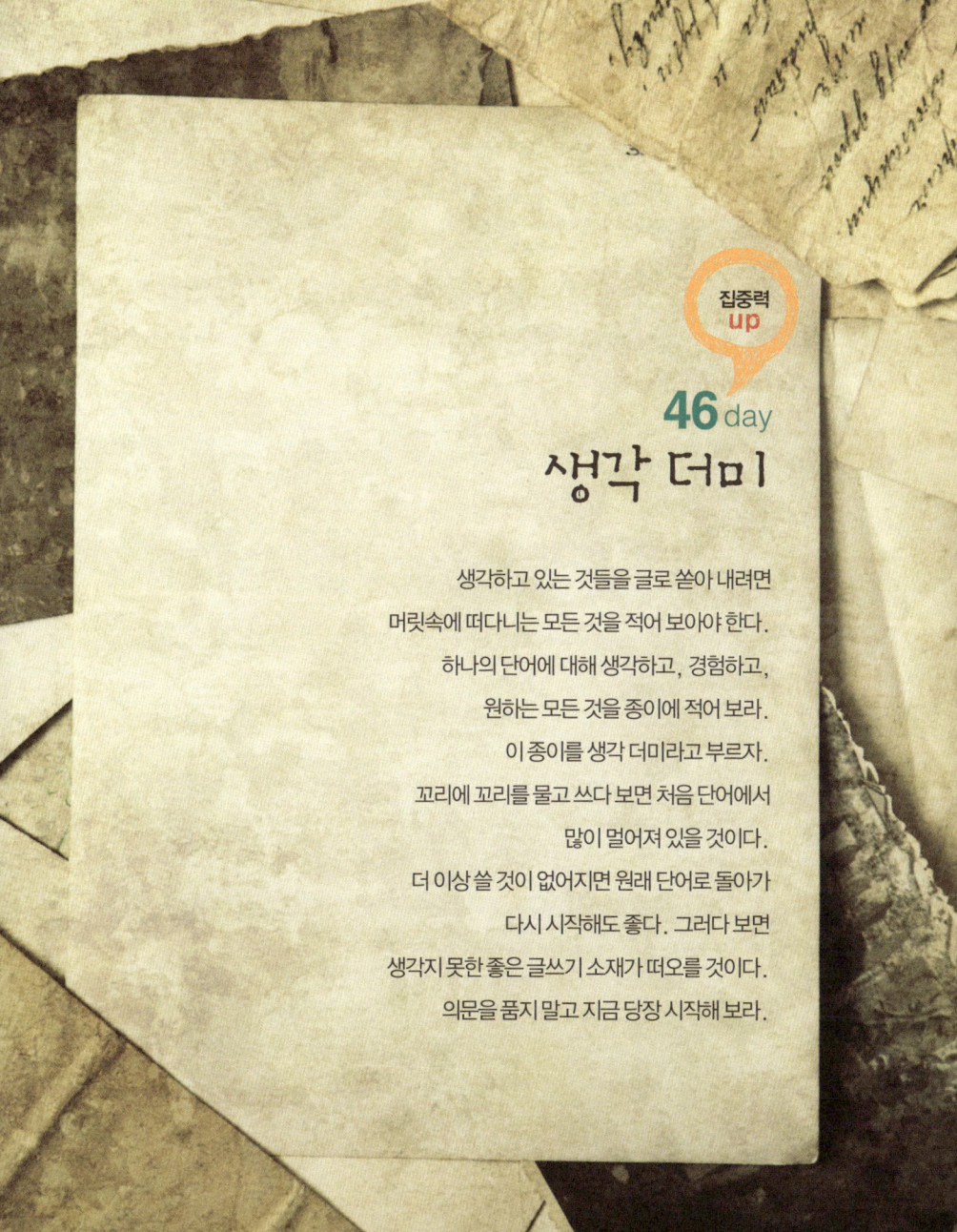

> 예: 신발 끈, 신발 끈, 신발 끈……. 나는 언제나 신발 끈이 풀려 있고 무릎까지 올려 신는 양말이 발목까지 흘러내려 가 있는 아이였다.
> 나는 양말이 흘러내리지 않게 하려고 고무줄을 사용했는데 무릎에 난 고무줄 자국은 하루가 지나도 사라지지 않았다. 이러한 모습은 사람들로 하여금 내가 소녀답지 않다는 인상을 주기에 충분했다.
> 신발 끈, 신발 끈, 신발 끈……. 고등학교를 졸업한 뒤 나의 첫 직업은 신발을 파는 일이었다. 수습 기간 동안 우리는 운동화 끈을 잘 매는 방법을 배웠다. 나는 여기서 신발을 훔치다 잡힌 동료 판매원 이야기를 쏟아놓으려 한다.

1과 10 사이에서 숫자 하나를 선택하라. 지금부터 단어와 관련된 당신의 모든 생각을 쏟아 부어라.

1. 핫도그
2. 천둥
3. 담요
4. 고양이
5. 연필
6. 쓰레기
7. 밧줄
8. 기차
9. 레몬
10. 문

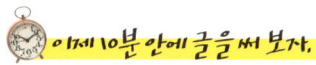 이제 10분 안에 글을 써 보자.

글쓰기 Tip

잡생각을 쏟아 내라!
너무 많은 생각이 한꺼번에 몰려와서 오히려 글쓰기에 집중할 수 없다면 이렇게 하라. 상상의 빗자루로 상상의 가방에 떠오르는 생각들을 모두 쓸어 담아라. 생각, 걱정, 아이디어, 목록, 추억으로 가득한 이 가방은 언제든지 열어 볼 수 있다. 글을 쓰는 동안은 가방을 건드리지 마라. 글을 쓴 후에도 오래도록 그대로 두어도 괜찮다. 이 방법으로 마음이 가벼워졌다면 머리가 복잡할 때마다 자주 사용해도 좋다.

PART 05
사고력 Up

47 day

정신을 잃다

당신은 어딘가에서 날아온 공에 머리를 맞고 10분 정도 의식을 잃었다. 그 10분 동안 말로 설명할 수 없는 이상한 꿈을 꾸었다. 당신이 꾼 꿈에 대해 글로 써 보자. 시공간이나 감각을 초월한 경험도 좋다.

1과 10 사이에서 숫자 하나를 선택하라. 여기에 당신이 꿈을 설명할 때 사용할 수 있는 세 가지 표현이 있다.

1. 일탈하다, 뜬금없다, 촌스럽다
2. 주제넘다, 실직하다, 길을 잃다
3. 멀어지다, 속상하다, 숨차다
4. 운이 없다, 성격에 맞지 않다, 절판되다
5. 고장 나다, 망가지다, 동떨어지다
6. 불가능하다, 두서없다, 눈치채다
7. 조화롭다, 떨어지다, 멀다
8. 분위기에 맞지 않다, 돌아가다, 부재중이다
9. 활기가 없다, 부족하다, 떠나다
10. 힘에 부치다, 유효 기간이 지나다, 감당할 수 없다

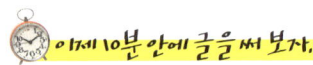
이제 10분 안에 글을 써 보자.

글쓰기 Tip

사물의 입장이 되어 보라!
글쓰기 연습을 할 때 사람이 아닌 사물의 입장이 되어 보라. 평범한 시각에서 벗어나 독특한 관점에서 글을 써 보면 이야기가 완전히 새로운 방향으로 발전하기도 한다. 머리를 친 공의 관점에서 글을 써 보자. 공이 머리를 치기 직전의 상황부터 치고 난 후 벌어지는 상황에 대해서 말이다.

48 day
문자 예술

종이 위에 가능한 한 크고 단순한 그림을
그려 보도록 하자. (그림에 소질이 있을 필요는 없다.)
그런 다음 그 모양 안에 시나 산문을 써 보자.
단, 반드시 그 모양과 관련이 있는 글을 써야 한다.
가능한 한 연필로 모양을 그리고 모양 안에 들어가는
글은 펜으로 쓴다. 그런 다음에 연필로 그린
선을 지우고 단어들만 남겨 보자.
멋진 문자 모형이 만들어질 것이다.

🖍️ 1과 10 사이에서 숫자 하나를 선택하라. 여기에 제시어와 그림 모형이 있다.

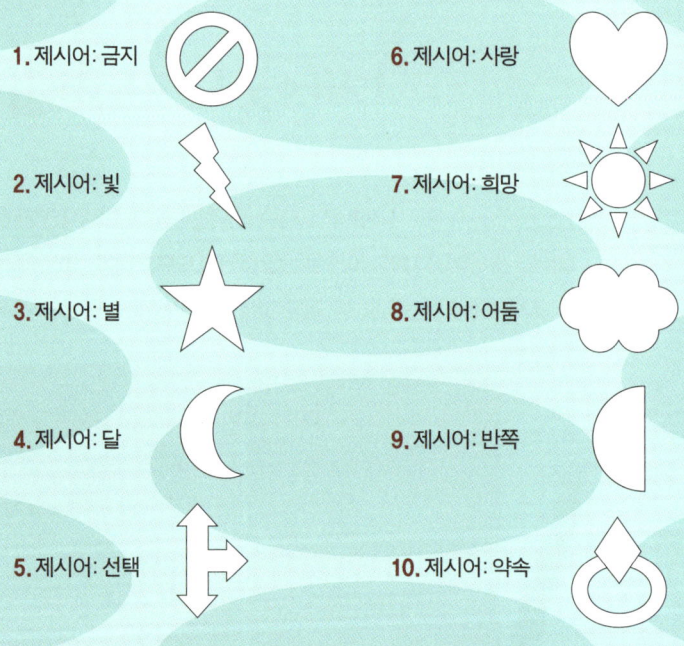

1. 제시어: 금지
2. 제시어: 빛
3. 제시어: 별
4. 제시어: 달
5. 제시어: 선택
6. 제시어: 사랑
7. 제시어: 희망
8. 제시어: 어둠
9. 제시어: 반쪽
10. 제시어: 약속

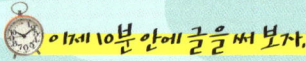
이제 10분 안에 글을 써 보자.

글쓰기 Tip

공감대를 형성하는 글을 써라!
글을 쓸 때는 공감대를 형성할 수 있도록 노력해야 한다. 그런 노력을 기울이지 않으면 오로지 자신만 이해하는 글이 되기 쉽다. 글쓰기가 잘 되지 않으면 이 책의 형식처럼 창의적인 연습문제를 만들어 보고 동료와 함께 글을 써 보라. 서로가 쓴 글을 읽어 보면서 상대방의 마음을 움직이는 글을 쓰는 방법을 익히게 될 것이다.

사고력 **up**

49day

시선을 끄는 기사 쓰기

당신이 신문사의 수습기자라고 가정해 보자. 편집장이 당신을 비롯하여 수습기자들에게 달랑 사진 한 장을 던져 주고는 10분 안에 기사를 써 내라고 한다. 어쩌면 이 미션은 수습기자들을 시험하기 위한 것인지도 모른다. 당신에겐 절호의 기회이다! 지금부터 편집장의 눈에 들 수 있을 만한 멋진 헤드라인과 기사를 작성해 보자.

1과 10 사이에서 숫자 하나를 선택하라. 다음은 당신이 기사를 써야 할 사진의 내용이다.

1. 얼굴 전체에 음식을 덮어 쓴 사람
2. 800kg에 육박하는 돼지
3. 미라가 발견된 경남 함양군 최도훈 씨의 집터
4. 24시간 밥그릇을 입에 물고 있는 개
5. 앞니가 입 밖으로 2cm가량 삐져나온 어린아이
6. 온몸에 붕대를 두르고 살아가는 사람
7. 거대한 바위 뒤에 반나체로 서 있는 사람
8. 여섯 쌍둥이를 출산한 산모
9. 음식물 대신 오로지 껌만 씹으면서 사는 남자
10. 토마토를 들고 있는 금발 미녀

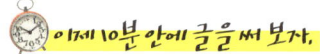
이제 10분 안에 글을 써 보자.

글쓰기 Tip

훌륭한 헤드라인과 기사를 익혀라!

헤드라인만 보고도 그 기사의 내용을 이해할 수 있다면 훌륭한 기사라고 할 수 있다. 내용의 경우 '누가, 언제, 어디서, 무엇을, 어떻게, 왜'라는 6하 원칙을 지켜야 한다. 기사를 쓸 때는 언제나 다루고 있는 정보가 정확한지 체크해야 한다. 신문이나 잡지에서 사진을 하나 골라 그 사진에 맞는 헤드라인을 쓰고 기사를 작성해 보자. 이것이야말로 기사 쓰는 연습을 하는 가장 좋은 방법이다.

50day
감각 활용하기

사고력 **up**

아이들이 평소에 얼마나 많은 감각을 사용하는지 살펴보면 새삼 놀랄 것이다. 아이들은 무엇이든지 일단 만져 본다. 먹을 수 있는 것이든 없는 것이든 닥치는 대로 입으로 가져가고 얼굴에 갖다 대고 냄새를 맡는다. 바로 이러한 점 때문에 어린 시절 이야기를 쓸 때에는 평소보다 감각적인 단어를 많이 사용해야 한다. 이번 연습문제에서는 한 가지 감각에 집중한 글쓰기를 시도해 보자.

1과 10 사이에서 숫자 하나를 선택하라. 여기에 어린 시절의 경험을 이야기하기 위한 소재가 있다. 한 가지 감각에 집중하여 글을 써 보자.

1. **시각** : 밤 늦게까지 자지 않고 있었던 일
2. **후각** : 의자와 이불을 가지고 실내에서 텐트를 만들었던 일
3. **청각** : 옷장 속에 숨거나 계단 밑으로 기어 들어가 숨어 있었던 일
4. **촉각** : 숨겨 둔 선물을 찾기 위해 집 안을 뒤지고 다녔던 일
5. **후각** : 술래잡기를 했던 일
6. **미각** : 새로 사귄 친구 집에 처음 놀러 갔던 일
7. **촉각** : 물풍선을 던지며 놀았던 일
8. **미각** : 나무에 올라갔던 일
9. **시각** : 아이스크림을 떨어뜨렸던 일
10. **후각** : 학교 밖에서 처음으로 선생님을 봤던 일

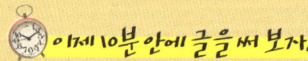
이제 10분 안에 글을 써 보자.

글쓰기 Tip

반복되는 표현은 피하라!
우리가 어렸을 때 즐겨 불렀던 〈머리 어깨 무릎 발〉이라는 동요는 신체 명칭을 쉽게 익힐 수 있도록 같은 단어를 여러 번 반복하여 만든 노래이다. 문학 작품의 경우도 어떤 부분을 강조하거나 리듬감을 표현하기 위해 같은 단어나 문구를 반복하기도 한다. 그러나 반복하는 것이 글쓰기에 언제나 효과적이라고 할 수는 없다. 전략적이지 않은 반복은 지루할 뿐이다. 퇴고하는 과정에서 자신이 쓴 글을 소리 내어 읽어 보고 단어가 불필요하게 많이 사용된 부분은 없는지 체크해 보아야 한다.

사고력 up

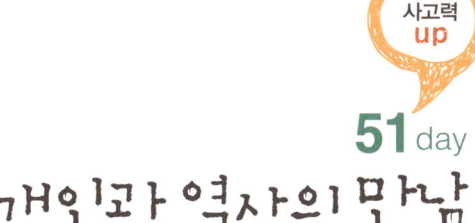

51 day

개인과 역사의 만남

개인적인 경험을 역사적인 사건과 엮어 보는 것은 재미있는 글쓰기 방법 중의 하나이다. 개인적인 경험과 역사적인 사건을 나란히 전개하거나 얼기설기 엮어서 새로운 이야기를 만들어 보자.

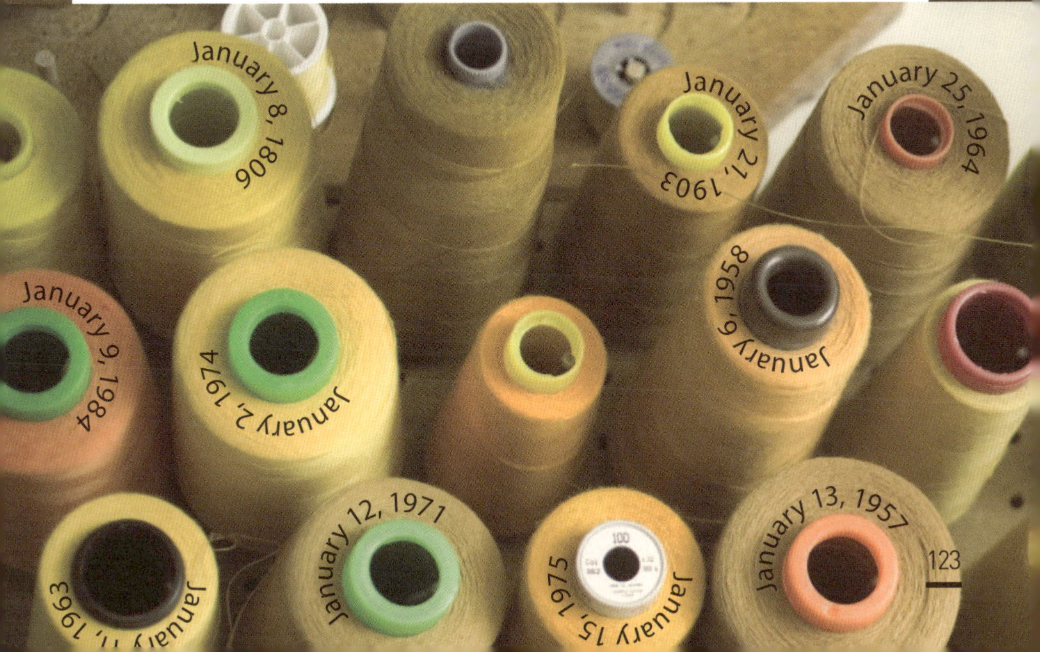

1과 10 사이에서 숫자 하나를 선택하라. 각 숫자마다 당신이 펼쳐 나갈 역사적 사건과 개인적인 경험이 있다.

1. 역사적 사건 ▶ 1970년 4월 22일 고 박정희 대통령의 제창으로 새마을 운동이 전국적으로 시행되었다.
   개인 경험 ▶ 목표를 정하고 꾸준히 노력한 이야기

2. 역사적 사건 ▶ 1993년부터 시인 고은이 노벨문학상 유력 후보로 거론되었지만 매번 수상에는 실패했다.
   개인 경험 ▶ 기대했던 상을 타지 못했거나 지는 것과 관련된 이야기

3. 역사적 사건 ▶ 2009년 4월 18일 전라남도 나주시 다시면 가운리 문화 류 씨의 선산에서 묘를 이장하는 과정에서 450여 년 전에 숨진 것으로 추정되는 여성 미라가 발견되었다.
   개인 경험 ▶ 자신이 발견한 놀라운 비밀에 관한 이야기

4. 역사적 사건 ▶ 1992년 서태지와 아이들은 신인들을 발굴해 소개하는 TV 프로그램으로 정식 데뷔했다.
   개인 경험 ▶ 무언가로부터 인정받은 이야기

5. 역사적 사건 ▶ 1930년대 말 일제 강점기 때 명동 입구에 있던 다이아나 다방은 서울에서 처음 등장한 다방이다.
   개인 경험 ▶ 커피와 관련된 이야기

6. 역사적 사건 ▶ 1957년 서울 성북구 안암동에 해방 이후 최초의 아파트인 종암 아파트가 세워졌는데 이곳은 최초로 수세식 변기를 설치한 곳이기도 하다.
   개인 경험 ▶ 욕실, 화장실에서 일어난 일

7. 역사적 사건 ▶ 한국 최초의 애니메이션은 1956년 RCA 한국지사의 HLKZ TV 방송국이 방송한 〈OB시날코〉라는 음료 광고이다.

   개인 경험 ▶ 무엇인가를 마시는 일과 관련된 이야기

8. 역사적 사건 ▶ 1976년 4월 우리나라 최초의 가족공원인 용인자연농원(1996년 3월에 에버랜드로 개칭)이 문을 열었다.

   개인 경험 ▶ 놀이공원과 관련된 이야기

9. 역사적 사건 ▶ 1997년 1월 20일 신창원이 부산교도소를 탈출했다.

   개인 경험 ▶ 무언가에서 벗어나는 것에 관한 이야기

10. 역사적 사건 ▶ 1988년 88올림픽 공식 주제가인 〈손에 손잡고〉는 전 세계적으로 1700만 장이 팔린 앨범으로 동양인이 부른 노래 중 세계 최고의 음반 판매량을 기록한 앨범이다.

    개인 경험 ▶ 다른 사람의 손을 잡았던 경험에 관한 이야기

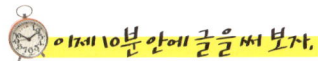
이제 10분 안에 글을 써 보자.

> 글쓰기 Tip

긍정적인 경험에 대해 생각하라!
그동안 글을 쓰면서 겪었던 모든 경험을 떠올려 보자. 부정적인 경험이 자신감을 잃게 할 것 같으면 다음과 같은 방법을 시도해 보자.
연필을 처음 잡았을 때부터 지금까지 글쓰기의 긍정적인 경험에 대해 적어 본다. 이렇게 적은 것을 당신이 글을 쓰는 장소 가까이에 붙여 놓고 자주 읽어 본다. 그럼 부정적인 생각이 사라질 것이다. 또한 이러한 긍정적인 자세가 글을 쓸 수 있는 동기를 계속 부여해 줄 것이다.

52 day
목록 작성법

등장인물에 대한 성격을 발전시키거나 기존 인물에 구체적으로 살을 붙이는 좋은 방법이 있다. 주인공이 해야 할 일을 목록으로 적어 보는 것이다. 다음 여섯 가지 목록을 적어 보자. 이 목록을 모두 작성하면 주인공에 대한 확실한 아이디어가 생길 것이다.

1. 등장인물의 신년 계획
2. 등장인물이 최근에 쇼핑한 목록
3. 등장인물이 주말에 해야 할 일
4. 등장인물이 가 보고 싶은 꿈의 여행지
5. 등장인물이 꼭 답신해 주어야 하는 이메일
6. 등장인물이 미뤄 왔던 일 다섯 가지

1과 10 사이에서 숫자 하나를 선택하라. 여기에 앞의 여섯 가지 목록으로 밑그림을 그려 나갈 주인공이 있다.

1. 방과 후 독서 지도 교사

2. 신문 기자

3. 공장 노동자

4. 자동차 경주 선수

5. 청년 백수

6. 세 아이를 둔 싱글맘

7. 최근에 이혼한 50세 남자

8. 식당 여 종업원

9. 부동산 매매 중개인

10. 정수기 & 비데 판매원

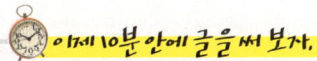 이제 10분 안에 글을 써 보자.

글쓰기 Tip

꿈의 리스트를 만들어라!
당신이 어떤 사람인지 확인해 보는 한 가지 방법은 자신의 꿈을 리스트로 작성해 보는 것이다. 작은 상자에 꿈 리스트를 담아 두고 소원을 빌어 보라. 또 다른 소원이 생기면 종이에 적고 상자 안에 넣는다. 꿈을 향해 한 걸음씩 나아가는 동안 이 상자는 당신의 꿈 리스트들을 소중하게 간직할 것이다.

53 day
삶의 교훈

당신이 누군가에게 충고를 할 경우 그 충고가 사실은
자신에게 필요한 이야기라는 생각을 해 본 적이 있는가?
아마도 이런 경우 상대방에게 이야기를 한다기보다는
자신에게 충고한다고 말하는 게 더 적절할지도 모른다.
이번 연습에서는 당신의 삶에서 교훈을 얻거나
내적으로 성장하게 된 인격 형성의 경험에 대해서 써 보자.

❓ 1과 10 사이에서 숫자 하나를 선택하라. 여기 당신의 삶에 교훈을 안겨 주었던 잊지 못할 경험이 있다.

1. 육체적 도전

2. 인간 관계

3. 전쟁

4. 직장 생활

5. 깜짝 놀랄 선물

6. 자연 재해

7. 위험한 게임

8. 노인과의 대화

9. 시험

10. 아르바이트

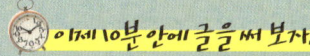
이제 10분 안에 글을 써 보자.

글쓰기 Tip

의욕을 자극하는 강의를 들어라!
당신에게 강한 동기를 부여해 주는 강사의 강의를 들어 본 적이 있는가? 의욕이 샘솟고, 자신감이 생기고, 보는 관점이 달라지며, 새로운 가능성에 대해 눈이 뜨이는 그런 강의 말이다. 하지만 굳이 그런 강사가 오기만을 기다릴 필요는 없다. 우리 주변에는 의욕을 자극하는 강의를 담은 CD나 DVD 등이 많이 있다. 찾아보면 글쓰기에 관한 내용도 있을 것이다. 적어도 한 달에 한 번씩은 다른 관점을 제시하며 의욕을 북돋워 주는 책을 보거나 강좌를 들어라. 이런 노력은 분명 당신이 계속 글을 써 나가는 데 큰 도움이 될 것이다.

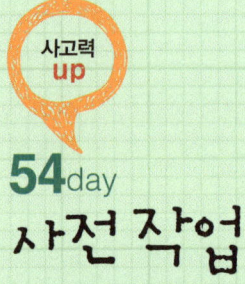

54 day
사전 작업

사전 작업이란 글을 쓰기 전에 해야 할 행동이나 질문 등
글쓰기에 앞서 갖춰야 하는 모든 것을 말한다.
이 과정은 당신이 글을 쓰는 목표를 잊지 않게 해 주고
현실에 적용할 수 있게 하며 글 쓰는 시간을 알차게 만들어 준다.
질문을 적어 볼 수도 있고 행동하지 않고
그냥 생각만 할 수도 있다.
둘 다 좋은 접근법이다.

1과 10 사이에서 숫자 하나를 선택하라. 여기에 당신이 당장 해야 할 사전 작업이 있다.

1. 심호흡을 하면서 정신을 집중하자. 그런 다음에 오늘 누구에 대한 글을 쓸 것인가를 생각하고 그 사람을 염두에 두면서 글을 써 보자.
2. 3분 동안 조용히 앉아서 글쓰기를 제외한 생각을 해 보자. 3분이 지나면 질문에 답해 보자. '나는 왜 글을 쓰는가?'
3. 당신의 글쓰기 목표는 무엇인지 생각해 보자. 그 목표를 이루기 위해서 하지 말아야 할 행동은 무엇인지 생각해 보자.
4. 글을 쓰면서 정말 기뻤던 때를 생각해 보자. 마음속에 당시의 좋은 감정을 다시 한 번 느끼면서 그 순간에 대해 글을 써 보자.
5. 방 안을 크게 돌면서 천천히 걸어 보자. 당신의 글쓰기 습관에서 칭찬할 만한 것이 생각날 때까지 걸어 보고 생각이 나는 순간 종이에 적어 보자.
6. 껑충껑충 뛰면서 머리 위로 손뼉을 쳐 보자. 이렇게 열 번을 반복하면 온몸에 에너지가 생긴다. 바로 그 순간에 대한 느낌을 적어 보자.
7. 발가락 사이에 펜을 끼워 글을 써 보자. 그러면 손으로 글을 쓰는 것이 얼마나 쉬운 일인지 깨달을 수 있다. 그리고 다음 질문에 답해 보자. '글쓰기가 이렇게 쉬운데 왜 더 자주 쓰지 않을까?'
8. 당신의 글에 대해 칭찬한 사람에 대해 생각해 보자. 그리고 그 사람이 당신의 글을 어떤 단어들로 설명할지 상상해 보자. 그 단어들을 염두에 두고 글을 써 보자.
9. 당신이 좋아하는 글쓰기 장소를 생각해 보자. 어떤 소리가 들리는지, 그곳에서 먹은 음식은 무엇인지 떠올려 보고 바로 그 공간에 대해서 글을 써 보자.
10. 눈을 감고 왼손으로 오른손을 더듬어 보자. 지금부터 손에 관한 이야기를 한 편 써 보자.

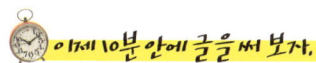
이제 10분 안에 글을 써 보자.

55 day
특정 독자층을 의식하기

비즈니스 세계에서는 소비 계층의 일반적인 특성이 상품의 마케팅에 영향을 미친다. 예를 들어, 여성 생리대 광고가 남성 대상의 잡지나 어린이 TV 프로그램 시간대에 나가지 않는 것과 같다. 글쓰기도 마찬가지이다. 글을 쓰는 이는 항상 독자를 염두에 두고 글을 써야 한다. 독자층에 따라 어휘, 길이, 어조 등 모든 것이 달라진다.

1과 10 사이에서 숫자 하나를 선택하라. 여기에 당신 글의 주 독자층이 있다.

1. 걸음마를 하는 아기

2. 미스터리를 좋아하는 성인 여성

3. 아이돌을 좋아하는 10대 소녀

4. 여드름투성이의 10대 소년

5. 유행에 민감한 20대 여성

6. 컴퓨터 게임에 빠져 있는 초등학생

7. 정년 퇴직한 남성

8. 취업을 앞둔 대학교 4학년생

9. 골프, 낚시 등의 취미생활을 즐기는 40대 남성

10. 베이킹, 애완동물 기르기 등의 취미생활을 즐기는 30대 여성

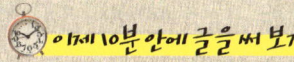
이제 10분 안에 글을 써 보자.

글쓰기 Tip

독자의 사진을 책상에 걸어 두라!
글을 쓸 때 독자를 염두에 두는 가장 쉬운 방법은 책상 앞에 독자의 사진을 붙여 두는 것이다. 사진 속의 사람이 실제로 듣는 것처럼 사진에 대고 자신이 쓴 글을 크게 읽어 보라! 사진은 당신의 독자를 대표하는 누군가의 사진일 수 있다. 또는 잡지에서 오려 낸 사진일 수도 있고, 인터넷에서 얻은 사진일 수도 있다. 찾는 김에 기립박수를 치고 있는 사람들의 사진을 찾아서 항상 지니고 다녀 보자. 확실한 동기 부여가 될 것이다.

56 day
소비자를 유혹하는 광고 문구

일반 소비자에게는 인기 없을지도 모르지만 내 마음에 꼭 와 닿는 품목(예를 들어, 나 같으면 어딜 가든지 가지고 다니는 메밀껍질 베개에 대해 쓸 것이다.)에 대한 광고 문구를 써 보자. 소개하는 물건이 실제로는 이 세상에 오직 하나뿐일지라도 사람들에게 그 물건이 꼭 필요하다는 것을 확신시켜라.
당신이 미쳤다고 생각하는 사람들을 납득시키기 위해 그 물건을 유용하게 잘 사용한 사례도 곁들여야 한다. 광고 문구에 그 물건의 장점을 전부 드러내는 것도 중요하다. 특히 그 상품이 독특하고 다양한 이점이 많이 있음을 강조하라. 경쟁 상대가 되는 물건보다 왜 더 좋은지 설명하는 것도 잊지 말아야 한다!

1과 10 사이에서 숫자 하나를 선택하라. 당신이 선택한 홍보 문구를 이용해 소비자를 유혹하는 광고를 만들어 보자.

1. 마술 부리듯이 작동됩니다. 직접 확인해 보세요.
2. 상품을 배달해 드립니다. 남녀노소 누구나 사용할 수 있습니다.
3. 가격을 대폭 할인했습니다. 정말 놀랍지 않나요?
4. 효과가 끝내 줍니다. 최고의 품질을 원하는 사람들을 위해 준비했습니다.
5. 한 번 비교해 보세요, 천금 같은 기회입니다.
6. 마감이 임박했습니다. 한정된 수량만 준비해서 죄송합니다.
7. 인생에 변화를 주세요, 당신의 인생에 꼭 필요한 물건입니다.
8. 39,900원이라는 저렴한 가격에 준비했습니다. 포장을 뜯어 사용하기만 하면 되는 간편한 물건입니다.
9. 세상 어디에도 없는 물건입니다. 선택을 늦추지 마세요.
10. 모두가 침이 마르도록 칭찬하는 데는 이유가 있습니다. 잘 생각해 보세요.

 이제 10분 안에 글을 써 보자.

글쓰기 Tip

홈쇼핑 광고법을 배워라!
당신이 무언가에 대해 광고하는 법을 배우고 싶다면 텔레비전의 홈쇼핑 프로그램에 채널을 맞춰 보라. 상품 광고 시간 30분 안에 상품의 장점을 최고치로 끌어올려 광고하는 방법을 배우게 될 것이다. 그 비법에 따라 자기 자신을 광고해 보라.

57 day
나는 누구인가?

단어를 직접적으로 쓰지 않고 그 속성에 대해서 써 보자.
이를테면 〈가족 오락관〉의 스피드 게임과 같다.
글쓰기를 끝내면 다른 사람에게 그 글을 보여 주고
당신이 묘사한 것이 무엇을 말하는지 맞춰 보게 하라.
단어를 직접적으로 설명하지 않아도
당신은 충분히 그 단어를 표현할 수 있다.
단어를 의인화하고 어떤 일화나 비유도 곁들여라.
상대방이 상상의 나래를 펼 수 있도록 최대한 애매하게 만들어라.
하지만 상대방이 계속 당신 글을 읽고 싶게 만드는
매력은 글 속에 들어 있어야 한다.
당신은 하나의 우화 같은 수수께끼를 만들게 될 것이다.

1과 10 사이에서 숫자 하나를 선택하라. 여기에 당신이 직접적으로 표현해서는 안 되는 단어가 있다. 이 단어의 속성으로 우화 같은 이야기를 만들어 보자.

1. 차별

2. 분노

3. 탐욕

4. 시기

5. 게으름

6. 질투

7. 인내

8. 관대함

9. 호기심

10. 약속

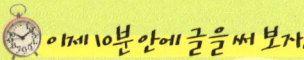
이제 10분 안에 글을 써 보자.

글쓰기 Tip

당신을 지칭하는 새로운 호칭을 만들어라!
당신은 누구인가? 당신은 당신의 직업, 가족, 인간 관계, 취미, 소속 등을 포함해 일인 다역을 맡고 있는 사람이다. 그런 것들을 빼고 당신을 설명하는 목록을 만들어 보라. 당신이 어떤 사람인지 스스로 정의해 보고 듣기에 약간 쑥스러운 호칭으로 불러 보라. 새로운 사람이 되는 경험을 해 볼 수 있을 것이다.

PART 06
어휘력 Up

58 day
고장난 자판

자신의 이름으로 책이 출간된다고 생각해 보자. 지금부터 책의 앞부분에 들어가는 작가의 말을 써야 한다. 그러나 당신의 고장 난 자판 때문에 자음 하나를 사용할 수 없다. 독자가 당신의 자판이 고장 난 것을 눈치챌 수 없도록 자연스럽게 글을 써 보도록 하자.

1과 10 사이에서 숫자 하나를 선택하라. 다음은 고장난 자판 때문에 당신이 사용할 수 없는 자음이다.

1. ㄱ
2. ㄷ
3. ㄹ
4. ㅁ
5. ㅂ
6. ㅅ
7. ㅇ
8. ㅈ
9. ㅊ
10. ㅎ

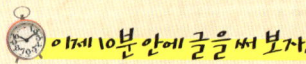
이제 10분 안에 글을 써 보자.

글쓰기 Tip

내 이름으로 된 책을 상상해 보라!
자신의 이름으로 책을 내고 싶다면 서점이나 도서관을 먼저 찾아가라! 그리고 자신이 쓰는 글과 가장 비슷한 종류가 있는 코너로 간다. 여기서 당신 이름과 같거나 비슷한 이름을 가진 작가의 책을 찾아본다. 작가 사진과 이력, 그리고 책의 목차도 읽어 보면서 자신의 책이 출판된다면 어떨지 상상해 보라. 감사의 글도 읽어 보면서 작가가 책을 내기까지 얼마나 많은 사람들이 함께했는지를 살펴본다. 그렇게 구체적으로 살펴보면 자신이 책을 내기 위해 어떤 노력을 기울여야 하는지 상상하는 것이 어렵지 않다.

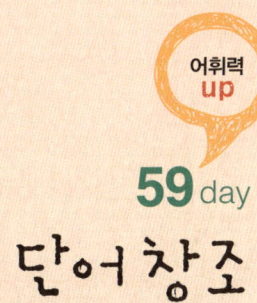

59 day

단어창조

단어 1과 단어 2에서 각각 단어 하나씩을 고르고 두 단어를 연결시켜 합성어를 만들어 보자. 그 합성어에 새로운 뜻을 부여하고 당신이 만든 새로운 단어를 이용해서 이야기를 만들어 보자.
(예: 분홍갈등 - 사랑하는 사람 사이에서 겪게 되는 갈등)

단어 1	단어 2
파랑	고양이
도시락	담벼락
발레	사랑
유행가	가게
분홍	혀
자투리	갈등
울음	오이
나비	결혼
고등어	등대
사다리	커피
리본	질투
여행	온기
손톱	기차
추억	발
통장	이별
손뼉	지각

1과 10 사이에서 숫자 하나를 선택하라. 여기에는 유명한 소설의 문장이 있다. 이 문장과 당신이 만든 합성어를 이용하여 이야기를 만들어 보라.

1. 엄마를 잃어버린 지 일주일째다. 《엄마를 부탁해》, 신경숙

2. 맑지만 추운 사월의 어느 날 시계는 13시를 알리고 있었다.
   《1984》, 조지 오웰(George Orwell)

3. 아무튼 그 아침에 나는 무척 슬펐다.
   《세계의 끝 여자친구》, 〈당신들 모두 서른 살이 됐을 때〉, 김연수

4. 농사꾼이 곡식이나 푸성귀를 씨 뿌리고, 싹트고 줄기 뻗고 꽃피고 열매 맺은 동안 제 아무리 부지런히 수고해 봤자 결코 그것들이 스스로 그렇게 돼 가는 부산함을 앞지르지 못한다. 《그 많던 싱아는 누가 다 먹었을까》, 박완서

5. 한밤중에 전화벨이 세 번 울리고 나서 엉뚱한 사람을 찾는 목소리가 들려오는 것으로 그 일은 시작되었다. 《유리의 도시》, 폴 오스터(Paul Auster)

6. 지나간 모든 끼니는 닥쳐올 단 한 끼니 앞에서 무효였다. 《칼의 노래》, 김훈

7. 하긴…… 오래전부터 늘 생각해 온 건데…… 넌 내가 없었으면 어떻게 됐을까 하고 말이지…… 지금쯤은 죽어서 한 움큼의 뼈다귀만 남았을걸, 틀림없이.
   《고도를 기다리며》, 사무엘 베케트(Samuel Beckett)

8. 안개의 품에 빨려 들어간 사물들은 이미 패색을 감지한 병사들처럼 미세한 수증기 알갱이에 윤곽을 내어 주며 스스로를 흐리멍덩하게 만들어 버렸다.
   《도가니》, 공지영

9. 검다는 것은 끔찍한 일이에요. 《한밤의 아이들》, 살만 루시디(Salman Rushdie)

10. 우리는 존재하니까 존재하는 거야.
    《엄청나게 시끄럽고 믿을 수 없게 가까운》, 조너선 사프란 포어(Jonathan Safran Foer)

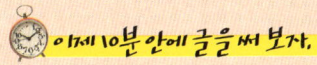 이제 10분 안에 글을 써 보자.

글쓰기 Tip

단어의 창조자가 되어라!
단어를 잘 조합하여 새로운 단어를 만드는 것은 창의적인 방식으로 수학 문제를 푸는 것과 비슷하다. 인생에서 일어난 의미 있는 순간이나 사건을 모아서 하나의 단어로 만들어 보는 것도 흥미로운 일이다.

60 day
단어 볼링 게임

지금부터 단어 볼링 게임을 해 보자. 종이에 열 줄을 긋자. 열 개의 줄에 주어진 열 개의 단어가 각각 하나씩 들어간 이야기를 만들어 보자. 그러면 스트라이크(strike)이다. 아홉 개의 단어가 들어가면 스페어(spare)이고 여덟 개의 단어가 들어가면 스플릿(split)이다. 단어들을 주어진 순서대로 사용할 필요는 없다. 원한다면 시를 써 보는 것도 좋다. 다음은 스트라이크를 기록한 단어 볼링 게임의 예이다.

냅킨	냅킨을 접어 접시 옆에 놓고 차에 올라 타
공원	평화 공원의 숲으로 차를 몰았다.
쓰레기	쓰레기가 널린 공원은 '평화'라는 이름에 걸맞지 않았다.
행사	나는 주말에 '공원 청소 행사'를 주도했다.
다양하다	다양한 연령대의 사람들이 왔지만 많은 일을 하지는 못했다.
괴물	모두가 괴물 같은 쓰레기들을 줍느라 정신없이 바빴다. 그런 와중에도
빨갛다	빨간색 립스틱을 바른 여자를 남자들이 흘끔거리며 쳐다봤다.
다르다	그러나 그 여자는 다른 사람에게는 몰라도 내게는 유혹적이지 않았다.
아이	나는 자신의 일을 묵묵히 하는 아이들에게 더 눈길이 갔다.

1과 10 사이에서 숫자 하나를 선택하라. 여기에 단어 볼링 게임에 사용할 열 가지 단어 목록이 있다.

1. 가위, 초콜릿, 과학, 분필, 소다, 챔피언, 지원, 질식, 스파이, 속이다
2. 벨소리, 봉화, 아기, 모시조개, 축복, 세다, 당근, 온도, 목도리, 통조림
3. 태풍, 짜증, 사기, 흔들다, 리본, 둥지, 가방, 전구, 손잡이, 금
4. 가루, 잉크, 고양이, 스티로폼, 거품, 약국, 멀다, 왕, 하이라이트, 알약
5. 신문, 향수, 유물, 삼촌, 파일, 닭고기, 지배자, 휴가, 야구, 단단하다
6. 옷깃, 가방, 숟가락, 이유식, 떠다니다, 요구르트, 재판, 윗부분, 쇼핑, 걱정
7. 포크, 양말, 영화, 비행기, 악마, 말하다, 젤리, 수확, 굴, 고물
8. 얼룩말, 조끼, 이모, 레몬, 수은, 미숙아, 공연, 열정, 예행연습, 간단하다
9. 문자, 겨자, 수군거리다, 분홍색, 자두, 비싸다, 석영, 진압, 퀴즈, 외국인
10. 벌레, 눈, 첼로, 나르다, 부담, 졸업, 방해, 장관, 카세트, 대학생

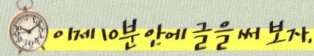
이제 10분 안에 글을 써 보자.

글쓰기 Tip

집중력을 높이려면 몸 운동을 하라!
가벼운 몸 운동을 해 보라. 글을 쓸 때 집중력이 향상될 것이다. 뜀뛰기, 토끼뜀, 줄넘기, 저글링 등 여러 가지를 시도해 보자. 자신의 운동 실력을 드러내기가 쑥스럽다면 남의 눈에 띄지 않는 조용한 곳으로 가서 어린아이처럼 신나게 놀아 본다. 이렇게 몸을 사용하기 전과 후에 글을 써 보고 몸 운동이 얼마나 집중력을 높여 주는지 경험해 보자.

61 day
음운 이어 쓰기

'생각하기'의 음운을 종이 왼쪽 여백에 세로로 끝까지 써 내려가 보자.
그러면 아래의 모양처럼 될 것이다.

ㅅ
ㅐ
ㅇ
ㄱ
ㅏ
ㄱ
ㅎ
ㅏ
ㄱ
ㅣ

'ㅅ, ㅐ, ㅇ, ㄱ, ㅏ, ㄱ, ㅎ, ㅏ, ㄱ, ㅣ'의 각 음운이 포함된 단어를 만들고 이야기가
매끄럽게 이어지도록 글을 써 보자. 단, 음운의 위치를 임의로 변경해서는 안 된다.

1과 10 사이에서 숫자 하나를 선택하라. 여기 당신이 음운을 채워 나가면서 써야 할 단어와 그 주제가 있다.

1. 떠나기
2. 이별하기
3. 기다리기
4. 기대기
5. 빈둥대기
6. 이끌기
7. 도약하기
8. 결혼하기
9. 빌리기
10. 칭찬하기

 이제 10분 안에 글을 써 보자.

글쓰기 Tip

글 품질 보증서 쓰기!
기업은 물건을 판매할 때 오래가는 제품이라는 보증서를 함께 제공한다. 자신의 글쓰기에 이러한 보증서를 첨부한다면 글쓰기에 더 헌신할 수 있을 것이다. 난해한 법률 용어까지 쓸 필요는 없다. 그저 성실하게 글을 쓸 것이며 어떻게 글을 완성할 것인지에 대해서 간단하게 선언문식으로 쓰면 된다. 그리고 여기에 서명을 하고 자신에 대한 약속과 연습이 계속될 것이라는 것을 상기하는 의미에서 책상 앞에 붙여 놓는다.

62 day
말! 말! 말!

하나의 단어이지만 많은 뜻을 내포하고 있는 경우가 있다.
다음은 말의 동음다의어이다.

말 : 사람의 언어

말 : 소문, 이야기

말 : 동물

말 : 장기판, 윷놀이 등에서 정해진 규칙에 따라 움직이는 패

말 : 시장에서 곡식 등을 되어서 파는 기구. 약 18리터의 용량

1 과 10 사이에서 숫자 하나를 선택하라. 모든 문제는 '말'과 연관이 있다.

1. 어떤 사람의 특성을 모아 놓은 목록을 보고 그 특징에 적합한 인물을 떠올려 보자. 그 인물을 생각하며 이 사람의 말실수에 관한 이야기를 써 보자.

    특성: 구레나룻을 싫어한다, 당근을 좋아한다, 달걀을 싫어한다, 돈에 대해 걱정한다, 쌍둥이이다, 다리를 떤다, 컬러 콘택트렌즈를 낀다, 아랫입술을 물어뜯는다, 지각을 잘한다, 채식주의자이다, 광대뼈가 도드라져 있다, 말을 더듬거린다, 어깨가 넓다, 두꺼운 안경을 쓴다, 스포츠에 관심이 없다

2. 제주도 민속촌에서 어린이를 상대로 말을 태워 주고 돈을 버는 한 남자가 있다. 그 남자가 소유하고 있는 말은 당나귀를 포함해서 총 5마리이다. 그런데 어느 날 마구간에 있던 5마리의 말이 흔적도 없이 사라졌다. 이 남자에게 어떤 일이 생긴 것인지 이야기를 만들어 보자.

3. 최고의 문학상을 받았지만 끝까지 공식 석상에 나타나지 않는 어느 작가에 관해 떠돌고 있는 말(소문)이다. 이 소문은 모두 거짓일 수도 있고, 일부만 진실일 수도 있다. 이 말들을 바탕으로 작가의 모습을 상상하여 이야기를 만들어 보자.

    작가에 관해 떠도는 말: 왼쪽 손이 없다, 호색한이다, 애꾸눈이다, 대필 작가가 있다, 알고 보면 여자이다, 이미 잘 알려진 소설가가 만든 가상의 인물이다, 생식의 습성이 있다, 키가 매우 크다, 병약하다, 평범한 회사원이다, 농부이다, 몽유병이 있다

4. 고장 난 현관문 손잡이를 고치기 위해 당신의 집에 수리공이 왔다. 손잡이를 고치는 동안 수리공이 자신의 인생 이야기를 말하기 시작한다. 이야기를 듣던 당신은 왕년에 그가 유명한 사람이었다는 사실에 놀라게 된다. 지금부터 그에 대한 이야기를 써 보라.

5. 당신이 알고 있는 말과 관련한 속담을 열거해 보라. 이것들을 모두 사용해서 초등학생들을 대상으로 하는 말과 관련한 강연을 준비해 보라.

6. 다음의 경험들에 관해 짧게 적어 본다.

　　경험: 사랑한다고 말했던 일, 미워한다고 말했던 일, 거짓말했던 일

7. 다음 영화나 책 제목 중에 하나를 차용하여 글쓰기를 시작해 보자.

　　제목: 취한 말들을 위한 시간(영화, 바흐만 고바디 감독), 깊은 밤 기린의 말(소설, 박완서 외), 나는 100살 딩신에게 할 말이 있어요(에세이, 엠마뉘엘 수녀), 타인에게 말 걸기(소설, 은희경), 나는 왜 비에 젖은 석류 꽃잎에 대해 아무 말도 못했는가(시, 이성복), 말할 수 없는 비밀(영화, 주걸륜 감독), 바른말 고운말(맞춤법 안내서, KBS아나운서실), 그리고 아무 말도 하지 않았다(에세이, 전경린), 키스하기 전에 우리가 하는 말들(에세이, 알랭 드 보통)

8. 어린 시절에 탔던 말타기 기계 또는 친구들과 했던 말타기 놀이에 대해 생각해 보라. 그중 한 기억을 떠올려 이야기를 만들어 보라.

9. 막걸리 한 말, 쌀 한 말, 보리 한 말 등 용량을 나타내는 단위가 들어간 제목으로 시를 써 보자.

10. 윷놀이, 장기 등에 사용되는 말을 인생에 비유해서 글로 만들어 보자.

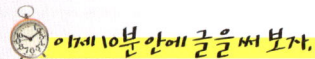 이제 10분 안에 글을 써 보자.

글쓰기 Tip

자신을 격려하라!
이 책을 쓰는 동안 스스로를 격려하기 위해 한 단계를 끝낼 때마다 나를 위로하는 말을 한마디씩 메모했다. 그 말들을 모아 보니 무려 백 개이다. '칭찬은 고래도 춤추게 한다.'는 말처럼 자신을 격려하는 말은 큰 힘이 됨을 명심하자.

어휘력 up

63 day

평범한 글에서 개성 있는 글로

평범한 것과 개성 있는 것의 차이는
어쩌면 종이 한 장과도 같은 것일지 모른다.
여기에 평범한 구절로 시작하는 연습문제가 있다.
이 평범한 구절에 살을 붙여 개성 있는 글을 만들어 보자.

이번에는 1과 10 사이에서 숫자를 선택하는 대신 오늘 날짜에 해당하는 숫자를 선택한다. 여기에 평범한 구절로 시작하는 연습문제가 있다. 이 평범한 구절에 살을 붙여 개성 넘치는 글로 바꾸어 보자.

1. 옛날 옛적에

2. 일곱 가지 색깔의 무지개가

3. 이른 아침에 잠에서 깨어

4. 오래된 아파트는

5. 그는 점심을 먹으러

6. 그녀의 촉촉한 입술은

7. 그해 겨울에는

8. 그 오래된 열쇠는

9. 올해 겨울 직업 학교에서

10. 행복한 아줌마로 알려진

11. 그는 작별 인사도 없이

12. 새벽 운동을 마치고 오는 길에

13. 싱그러운 풀 냄새가

14. 창가 좌석에 앉아 생각해 보니

15. 일찍 자고 일찍 일어나서

16. 여름철만 되면 내리는 비 냄새는

17. 나는 항상 외야로만 지정받아서

18. 나는 그를 볼 때마다 힘들었지만

19. 한참 동안 수다를 떨다가

20. 현관 입구 계단에 앉아서

21. 30세 때 농촌으로 이사 온

22. 돌다리도 항상 두들겨 보라고

23. 앞니 두 개가 빠진 채로

24. 가는 말이 고와야 오는 말이 곱다고

25. 그는 토요일 아침에 이발소로 가서

26. 내게 가장 귀중한 것은

27. 할머니 댁 부엌에 쪼그리고 앉아

28. 일요일 아침에 일어나

29. 모자를 눌러 쓰고

30. 껌을 소리 나게 씹으며

31. 이 세상에서 본 적 없는

 이제 10분 안에 글을 써 보자.

글쓰기 Tip

일상 속에서 참신함을 건져라!
참신함은 저 멀리 있는 것이 아니다. 오히려 우리 일상의 곳곳에 숨어 있다. 생활용품을 저렴한 가격에 판매하는 천 냥 가게에 한 번 들러 보자. 생활에 필요한 크고 작은 물건들이 굉장히 많이 있는 것을 볼 수 있을 것이다. 때로는 용도를 알 수 없는 물건도 있고, 일상 생활에 꼭 필요한 참신한 물건도 있을 것이다. 이 모든 것이 당신의 글쓰기에 도움이 된다.

64 day
스푸너리즘 한 스푼

영국의 성직자 W.A. 스푸너는 말할 때 문장 안에서 가끔 단어의 첫 음을 잘못 발음하여 뜻하지 않은 말을 만들어 내는 것으로 유명했다.
이것은 후에 스푸너리즘이라고 불리게 되었는데 이 스푸너리즘의 예로는 눅스 앤드 크레니스(nooks and crannies, 구석구석을 뜻함)를 말하려다가 크룩스 엔드 내니스(crooks and nannies, 사기꾼과 유모라는 말이 합쳐져 부분 부분을 뜻함)로 발음하는 것을 들 수 있다.
스푸너리즘은 비단 영어로만 활용할 수 있는 것은 아니다.
이 장에서는 한글의 스푸너리즘에 해당하는 한 쌍의 표현을 소개한다.
이 표현들을 사용해서 글을 써 보자. 스푸너리즘에 해당하는 두 표현 중 하나로 문장을 시작하고 다른 하나로 문장을 끝낸다.
위에 언급한 사례를 예로 들면 구석구석이라는 말로 시작하여 부분 부분이라는 말로 문장을 끝내면 된다.

1과 10 사이에서 숫자 하나를 선택하라. 여기에 한글로 표현한 한 쌍의 스푸너리즘이 있다.

1. 삶은 닭, 닮은 삶

2. 소리를 작게 하라, 조리를 삭게 하라

3. 숨을 꺾다, 꿈을 섞다

4. 싱어는 상상했다, 상어는 싱싱했다

5. 앎의 삶, 삶의 앎

6. 오리가 있는 수레, 소리가 있는 우레

7. 다정이 병인 양하여, 병정이 다인 양하여

8. 산만한 주의, 장만한 수의

9. 죽을 쑤다, 쑥을 주다

10. 건물을 세우다, 선물을 게우다

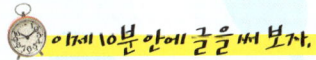
이제 10분 안에 글을 써 보자.

글쓰기 Tip

창작의 주스를 만들어라!
네 숟가락 정도의 재료를 섞어 새로운 창작 주스를 만든다면 당신이라면 어떤 재료를 넣을 것인가? 나라면 한 숟갈의 영감과 한 숟갈의 땀방울, 한 숟갈의 웃음과 한 숟가락의 창의력을 섞어 만들 것이다. 기억하라. 글 쓰는 속도를 계속 유지하려면 자신이 만든 창작 주스를 매일 마셔야 한다는 사실을!

65 day

10대 은어 사전

은어는 어떤 계층이나 부류의 사람들이 다른 사람들이 알아듣지 못하도록
자기네 구성원들끼리만 빈번하게 사용하는 저속한 말 중의 하나이다.
특히 은어는 10대 청소년들에게서 자주 사용된다. 은어는 우리 말이나
글에서 지양해야 할 부분이지만 10대 청소년들의
문화를 이해하기 위해서는 알고 넘어가야 할 부분이기도 하다.
지금부터 어떤 인물을 지칭하는 청소년 은어를 살펴보고
그 은어를 사용하여 청소년을 위한 짧은 소설을 만들어 보자.

1과 10 사이에서 숫자 하나를 선택하라. 여기에 청소년들 사이에서 사용되는 특정 사람을 지칭하는 은어가 있다.

1. 잉여 인간(쓸모 없는 인간)
2. 찌질이(한심한 사람)
3. 본좌(본인의 높임말)
4. 오크(못생긴 아이)
5. 화떡녀(화장을 떡칠한 여자)
6. 전따(전교에서 왕따)
7. 베이글녀(아기 같은 얼굴에 글래머러스한 몸매를 가진 여자)
8. 금사빠(금방 사랑에 빠지는 사람)
9. 금따(금세기 최고의 왕따를 일컫는 말)
10. 느님(전지전능을 모티브로 한 하느님의 준말)

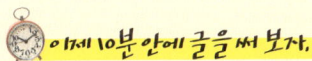
이제 10분 안에 글을 써 보자.

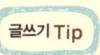
글쓰기 Tip

집단에 따라 사용하는 언어가 다르다!
당신이 청소년을 대상으로 한 글을 쓰기로 마음먹었다면 청소년들이 주로 사용하는 언어를 살펴보아야 한다. 청소년들이 사용하는 언어를 살핌으로써 그들의 문화나 정서를 이해할 수 있다. 만약 20대 여대생들을 대상으로 한 글을 쓴다면 20대 여대생들의 주관심사가 무엇인지 파악하고 그와 관계된 언어들을 살펴보는 것이 중요하다.

66 day

사투리 쓰는 선생님

외국인을 위한 한국어 강좌에서 강의를 하는 한국어 선생님이
몸이 아파서 수업에 나오지 못했다.
선생님의 대타로 수업을 하게 된 사람은 바로 한국어 선생님의 조교이다.
그러나 문제점이 하나 있다. 이 조교는 지독한 사투리를 쓴다는 것이다.
8개국에서 온 25명의 학생들은 강단에 선 조교의 사투리 섞인 수업을
들어야만 한다. 단어, 말투, 억양 등 사투리 특유의 특징을 이용하여
조교의 수업을 이야기로 만들어 보자.
고향이 지방이라면 자신의 지방 사투리를 이용하고 서울이 고향이라면
주변 사람들 중에 사투리를 쓰는 사람들을 떠올리며 만들어 보자.

1과 10 사이에서 숫자 하나를 선택하라. 여기에 사투리를 쓰는 조교 선생님의 수업 주제가 있다.

1. 한국의 전통 음식

2. 김치 담그는 법

3. 한국의 결혼 문화

4. 한국의 음주 문화

5. 한국의 입시 교육

6. 한국의 인터넷 문화

8. K팝 열풍

9. 한국의 전통 놀이

10. 한국의 명소

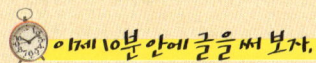
이제 10분 안에 글을 써 보자.

글쓰기 Tip

현장감을 살린 글쓰기에는 사투리를 이용하라!
사투리는 그 지방의 고유색을 지닌 언어로 현장감을 살린 글쓰기에 활용하기 좋다. 다만 전략적인 사투리 활용이 아니라면 오히려 어설프게 느껴질 수도 있으므로 꼭 필요한 상황에서만 사용하는 것이 중요하다. 사투리가 등장하는 소설을 찾아 읽는 것도 좋은 방법이 될 수 있다.

67 day

유명인 실종 사건

다음 목록에서 이야기의 주인공이 될 사람의 성과 이름(여자 또는 남자)을 하나 선택해서 아래에 적어 보자.

성: 강, 경, 고, 구, 권, 김, 나, 노, 도, 마, 박, 반, 배, 복, 서, 성, 신, 오, 옥, 우, 유, 윤, 이, 인, 임, 장, 주, 지, 차, 최, 추, 피, 하, 한, 함, 황보

여자 이름: 경림, 경미, 경희, 기은, 길순, 나림, 다정, 미나, 미자, 서진, 선옥, 소연, 수자, 옥숙, 윤정, 은봉, 은숙, 인선, 자현, 정인, 지연, 진희, 혜인, 혜정

남자 이름: 규동, 규석, 기훈, 대웅, 덕하, 명기, 문기, 민재, 백림, 성부, 성호, 수열, 승규, 영일, 우섭, 원익, 정용, 종환, 준기, 중용, 지우, 택수, 판철, 학수

한때 이 사람은 언론의 스포트라이트를 받았는데 어느 날 갑자기 자취를 감췄다.

주인공 이름: _____

1과 10 사이에서 숫자 하나를 선택하라. 당신과 이 사람과의 관계와 함께 이야기를 만들 때 꼭 사용해야 하는 의태어가 나온다.

1. 관계: 여동생 　 의태어: 보슬보슬
2. 관계: 미용사 　 의태어: 하늘하늘
3. 관계: 개 관리인 　 의태어: 아롱아롱
4. 관계: 삼촌 　 의태어: 송알송알
5. 관계: 조부모 　 의태어: 찰방찰방
6. 관계: 매니저 　 의태어: 보글보글
7. 관계: 변호사 　 의태어: 울긋불긋
8. 관계: 심리 치료사 　 의태어: 나풀나풀
9. 관계: 전 배우자 　 의태어: 방울방울
10. 관계: 어릴 적 친구 　 의태어: 둥실둥실

이제 10분 안에 글을 써 보자.

글쓰기 Tip

괴상한 아이디어를 이용하라!
남들에게는 괴상하게 생각될 수도 있는 아이디어를 생각해 보라. 작가들에게 필수품이었던 타자기는 한때 발명가나 투자자 이외의 사람들에게는 아주 괴상한 물건으로 여겨졌다. 타자기가 처음 나올 때인 1800년대만 해도 타자기로 친 글은 예의에 어긋난 것으로 생각되었다. 하지만 경제가 번성함에 따라 타자기 생산성을 증가시키는 방법을 찾기 시작했고 타자기를 이용하면 같은 시간에 펜으로 쓰는 것보다 훨씬 많은 단어를 더 쓸 수 있는 것이 밝혀지면서 불티나게 팔리기 시작했다.

68 day

사진보다 실감나게

백문이 불여일견이라는 말이 있다.
백 마디 말보다는 한 번 보는 게 낫다는 말이다.
그렇다면 눈으로 보는 것보다 더 실감 나는 글쓰기를
시도해 보는 것은 어떨까?
주어진 사진을 보고 생동감 넘치는 어휘를 사용하여
사진보다 실감 나게 묘사해 보자.

1과 10 사이에서 숫자 하나를 선택하라. 여기에 당신이 참고해야 할 사진이 있다.

이제 1분 안에 글을 써 보자.

글쓰기 Tip

영상을 이기는 글의 힘!
소설을 원작으로 하는 영화가 원작에 미치지 못하는 경우가 많다. 아무리 원작을 충실히 반영하여 영상으로 담아 낸다고 하더라도 아름다운 문장이나 묘사법을 표현해 내기에는 어려움이 따르기 때문이다. 이처럼 글의 힘은 영상을 이길 만큼 강하다. 감명 깊게 본 영화가 있다면 반대로 소설로 바꾸는 연습을 해 보자. 글쓰기 공부에 큰 도움이 될 것이다.

69 day
색다른 직유법

선택 1과 선택 2에서 각각 하나씩 골라 직유법이 적용된 문구를 만들고 그 문구를 이용해 글을 써 보자. 말이 안 되는 직유법일지라도 당신이 만든 이야기 속에서는 아주 적절한 표현법이 되도록 이야기를 만들어야 한다.
(예: 국회의원처럼 뒤틀린, 돼지처럼 잘생긴)

선택 1	선택 2
으깬 감자	…처럼 핑크색의
요요	…처럼 잘 익은
페미니스트	…처럼 잘생긴
돼지	…처럼 바삭바삭한
벽돌	…처럼 유혹적인
국회의원	…처럼 로맨틱한
치어리더	…처럼 뒤틀린
고물 자동차	…처럼 추운
촌뜨기	…처럼 날카로운
대타	…처럼 신선한
볼링 치는 사람	…처럼 잘난 체하는
간디	…처럼 거친
꿈	…처럼 털이 많은
다이너마이트	…처럼 뒤떨어진
바나나	…처럼 고집 센
바퀴벌레	…처럼 부풀은
괴짜	…처럼 풀어져
달걀	…처럼 귀찮은
베이글	…처럼 미친
꼭두각시	…처럼 도움이 되는
흔들의자	…처럼 영적인

1과 10 사이에서 숫자 하나를 선택하라. 여기에 당신이 이야기를 펼쳐 나갈 소재가 있다.

1. 오른쪽
2. 심야버스
3. 등산
4. 투표
5. 등대
6. 일기예보
7. 사진기
8. 냄새
9. 다운로드
10. 왼쪽

 이제 10분 안에 글을 써 보자.

글쓰기 Tip

자신을 남과 비교하지 마라!
사람들은 항상 자기 자신을 다른 사람과 비교한다. 보통 자기보다 더 잘난 사람과 비교하는 성향이 강하다. 글을 쓰는 사람의 경우도 마찬가지이다. 하지만 비교는 시간 낭비이다. 자신을 있는 그대로 존중하라. 그리고 자기 자신을 발전시키기 위해 더 많은 노력을 기울여라! 다른 사람과 비교하거나 경쟁하기 위해서가 아니라 오로지 자신의 발전을 위해 노력해야 한다.

70 day
초성 게임

초성 게임을 해 보자.
게임을 하면서 글을 쓸 수 있어 일석이조이다.
게임의 규칙은 특정한 두 개의 초성이 들어가는 단어를
최대한 많이 사용하여 글을 쓰는 것이다.
이야기가 매끄럽게 이어져야 하는 것은 물론이다.
한 단어당 1점이다. 가능한 한 점수를 많이 따도록 노력하라.

두 개의 초성(ㄱ과 ㅁ)으로 이루어진 단어의 예:
가마, 가명, 가무, 가뭄, 강매, 개미, 거물, 건물,
검문, 경매, 고명, 고모, 고무, 고물, 골무, 공명,
공모, 공문, 과민, 관문, 괴물, 교명, 교문, 구명,
구미, 국물, 군무, 귀문, 기만, 기무, 기미, 꼬막

1과 10 사이에서 숫자 하나를 선택하라. 여기에 초성 두 개가 짝을 이루고 있다.

1. ㄴ-ㅅ
2. ㅅ-ㅈ
3. ㅁ-ㅈ
4. ㅇ-ㅅ
5. ㄴ-ㄱ
6. ㅎ-ㅅ
7. ㅍ-ㅎ
8. ㅂ-ㄱ
9. ㅍ-ㄱ
10. ㄴ-ㄹ

 이제 10분 안에 글을 써 보자.

글쓰기 Tip

온라인으로 소통하는 창을 만들어라!
글 쓰는 일은 때때로 외로운 일이기도 하지만 반드시 외로워야 글이 잘 써지는 것은 아니다. 초성 게임을 친구에게 보냈더니 그 친구는 자신의 블로그에 초성 게임으로 쓴 자신의 글을 올렸다. 홈페이지나 온라인 게시판 등은 당신이 만든 창의적인 글쓰기 과정을 다른 사람에게 보여 줄 수 있는 좋은 공간이다. 인터넷으로 인해 전 세계적인 인맥을 갖게 될 것이다.

71 day
단어 가공하기

아래 표에서 접두사와 단어를 하나씩 선택하여
가공의 파생어를 만들어 보자.
당신이 만든 파생어에 뜻을 부여하고
그 단어가 들어가는 글을 써 보자.

접두사	단어
갓	스물
군	소리
덧	신
땅	꼬마
맨	땅
맏	형
민	소매
숫	처녀
시	어머니
알	거지
암	컷
외	아들
풋	사랑
한	밑천
햇	감자
헛	수고
홀	몸

1과 10 사이에서 숫자 하나를 선택하라. 여기 유명한 사람이 죽기 전에 남긴 마지막 말이 있다. 바로 당신 글의 결말 부분에 사용해야 할 문장이다.

1. 나이가 들면 사람의 손이 두 개라는 걸 발견하게 된다. 한 손은 자신을 돕는 손이고 다른 한 손은 다른 사람을 돕는 손이다. −오드리 헵번(Audrey Hepburn)

2. 친구들! 기립 박수를 쳐 주게. 희극은 끝났네. −루트비히 판 베토벤(Ludwig van Beethoven)

3. 악법도 법이다. −소크라테스(Socrates)

4. 나의 죽음을 적들에게 알리지 말라. −이순신

5. 유언이란 살아서 충분히 말하지 못한 바보들이나 남기는 거야. −카를 마르크스(Karl Marx)

6. 어서 오렴 얘야, 네 손을 잡아 보자. −요한 볼프강 폰 괴테(Johann Wolfgang von Goethe)

7. 심연 속 미미한 존재, 갈망으로 가득한 존재들, 나는 그런 존재를 좋아한다. −리하르트 바그너(Wilhelm Richard Wagner)

8. 오 와우. 오 와우. 오 와우. −스티브 잡스(Steve Jobs)

9. 쏘지 마! 쏘지 마! −카다피(Muammar al−Qaddafi)

10. 저 낡은 벽지를 갈든지 내가 없어지든지 해야겠구먼! −오스카 와일드(Oscar Wilde)

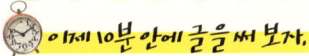
이제 10분 안에 글을 써 보자.

72 day
새로운 단어 만들기

아래 1에서 10 중에서 단어 하나를 선택하라. 그리고 그 단어의 의미를 생각해 보자. 아래의 단어는 내가 새로 창조한 단어이기 때문에 사전을 찾는 헛수고를 할 필요가 없다. 당신이 고른 단어에 새로운 뜻을 자유롭게 정의해 보자.

1. 매뚱하다
2. 놀뱅이
3. 뽕뜨르다
4. 아문고
5. 함깎이
6. 몽추
7. 까록따록
8. 신방이
9. 용소하다
10. 하연하다

당신이 선택한 단어를 아래에서 다시 찾아보자. 당신이 선택한 단어를 이용해 짧은 글을 지어 보자.

※ 아래는 내가 단어를 창조했을 때 정의한 본뜻이다. 당신이 정의한 것과 얼마나 차이가 나는가? 두 의미 모두를 인정하여 동음이의어로 만들자.

1. **매뚱하다** : 자고 일어났을 때 잠시 동안 여기가 어딘지 생소하게 느껴지는 현상 또는 그 현상으로 나오는 표정을 일컫는 말이다.

2. **놀뱅이** : 달팽이과의 육지 골뱅이로 맛과 모양이 골뱅이와 닮아 육지 골뱅이 혹은 육골로도 불린다.

3. **뽕뜨르다** : 자동차, 기차, 자전거 등이 같은 운송 수단이나 사람, 물건 등에 부딪혀서 부서지거나 뭉개지는 현상을 일컫는다.

4. **아문고(衙門苦)** : 학업 스트레스로 생기는 정신적, 육체적인 고통을 일컫는다.

5. **함깎이** : 턱과 이마를 깎는 성형 수술을 해서 얼굴의 크기가 작아진 사람을 낮춰서 부르는 말이다.

6. **몽추** : 형제자매 중에서 유난히 못생긴 형제나 자매를 낮춰 부르는 말이다.

7. **까록따록** : 다른 사람의 컴퓨터 시스템에 무단으로 침입하여 개인 신상 정보를 캐내는 일을 일컫는 의태어이다.

8. **신방이** : 동물이 신이 나서 오두방정을 떠는 모양을 일컫는 말이다.

9. **용소하다** : 자신만만하던 사람이 자신감을 잃고 위축된 모습을 일컫는 말이다.

10. **하연하다** : 아름답고 행복했던 시절을 추억한다는 의미이다.

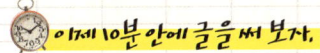
이제 10분 안에 글을 써 보자.

73 day
사투리로 생기는 오해

당신이 사투리로 말하는 누군가의 이야기를 듣는다면 뜻을 몰라서 갸우뚱거리거나 그 의미를 오해하는 일이 종종 생길 것이다. 이번에는 사투리로 인해 생기는 언어적 오해에 대한 이야기를 다루어 보자.
나의 경우 '부석'에서 불을 땐다고 하는 할머니의 말에 무슨 말인지 몰라 한참 어안이 벙벙했던 적이 있다. 부석은 아궁이를 일컫는 경상도, 전라도의 사투리이다.

1과 10 사이에서 숫자 하나를 선택하라. 여기에 오해의 원인으로 등장할 다양한 사투리가 있다.

1. 억수로(엄청나게, 정말로) – 경상도

2. 저끄(저기) – 전라도

3. 곤드래미(고드름) – 충청도

4. 독(닭) – 제주도

5. 낭구(나무) – 강원도

6. 노가리(노상) – 경기도

7. 이바구(이야기) – 경상도

8. 무담시(괜히) – 전라도

9. 치마(치매) – 강원도

10. 지실(감자) – 제주도

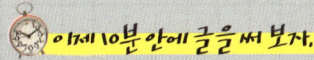
이제 10분 안에 글을 써 보자.

글쓰기 Tip

사투리를 배우는 것도 공부이다!
학창 시절 귀에 못이 박힐 정도로 배웠던 '교양 있는 사람들이 두루 쓰는 현대 서울말'이라는 표준어의 정의를 모르는 사람은 없을 것이다. 그러나 사투리도 당연히 존중받아야 할 우리말이고, 한 지역의 문화·정신·관습이 내포된 중요한 우리의 문화유산이다. 다양한 언어를 접하는 절호의 기회로 삼고 각 지방의 사투리를 살펴보자. 어휘력을 높이는 데도 좋은 기회가 될 것이다.

PART 07
구성력 Up

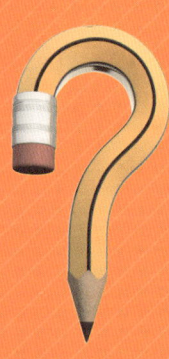

74 day
중의적으로 표현하기

'중국집에 갔다.'라는 표현에 대해 생각해 보자. 자장면을 먹으러 식당에 간 것으로도 해석할 수 있지만 상황에 따라서는 중국에 있는 집에 간 것으로도 해석할 수 있다. 이렇듯 우리 글에는 명료하게 표현해 주지 않으면 중의적으로 해석되는 문장이 많다. 중의적인 문장에서 나타나는 두 가지 의미를 생각해 보고 그 두 가지 의미가 모두 포함된 이야기를 만들어 보자.

1과 10 사이에서 숫자 하나를 선택하라. 여기에 중의적으로 표현되는 문장이 있다. 두 가지 의미가 모두 포함된 이야기를 만들어 보자.

1. 내 동생은 나보다 잠을 더 좋아한다.

2. 사람들이 다 오지 않았다.

3. 선생님이 보고 싶은 학생이 많다.

4. 그는 손이 크다.

5. 저 배를 봐.

6. 나는 곰이다.

7. 이것은 나의 그림이다.

8. 아름다운 고향의 하늘을 생각한다.

9. 나는 형과 동생을 찾아다녔다.

10. 그는 말이 많다.

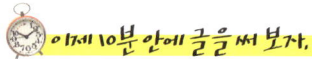

글쓰기 Tip

노골적이지 않게 인물의 특징을 드러내라!
나이나 이름은 개인을 표현하는 여러 가지 특징 중의 하나이지 전부가 아니다. 인물의 성향을 드러내 주는 단어, 성별이 드러나는 장치, 문장 및 단어의 길이, 심리 묘사 등으로도 인물의 특징을 드러낼 수 있다. 특징을 노골적으로 묘사하지 않고 인물을 드러낼 수록 독자들이 더 재미있게 읽을 수 있는 글이 된다.

75 day

특별하지 않는 표현으로 특별한 글쓰기

글을 쓸 때 상투적인 문구나 관용구, 비유법 등을 과도하게 사용하면 세련된 글에서 멀어진다는 것은 대부분 알고 있는 사실이다. 그러나 이번만큼은 그러한 사실에 얽매이지 말고 이 표현법들을 마음껏 사용해서 글을 써 보자. 촌스러운 글에서 오히려 신선함을 느낄 수 있을 것이다.

문장의 시작: 그는 말수가 적은 남자였다.

1과 10 사이에서 숫자 하나를 선택하라. 여기 글쓰기에 사용할 수 있는 상투적인 문구, 관용구, 비유법 표현의 예가 있다.

1. 백지장처럼 하얗다, 성질이 불같은 사람, 국물도 없다, 손을 빼다, 사족을 못 쓰다, 가닥을 잡다, 바가지를 쓰다

2. 불같이 화내다, 누워서 떡 먹기, 얼굴이 두껍다, 아무리 급해도 바늘허리 꿰어 못 쓴다, 날로 먹다, 오리처럼 걷다, 정신이 들다

3. 헛나이를 먹다, 눈을 속이다, 쥐 죽은 듯 조용하다, 머리를 굴리다, 분수도 모르고 날뛰다, 설설 기다, 뒤를 캐다

4. 안달을 내다, 입에 침도 안 바르고 거짓말하다, 눈에 띄다, 머리털이 곤두서다, 어림 반 푼어치도 없다, 눈 깜짝할 사이, 귀에 딱지가 앉도록 말하다

5. 가뭄에 콩 나듯하다, 아귀를 맞추다, 속 빈 강정, 말이 씨가 된다, 굴러 온 호박, 시도 때도 없이, 발이 넓다, 찬물을 끼얹다

6. 칼을 품다, 미역국을 먹다, 마음이 돌아서다, 아닌 밤중에, 벼룩의 간을 빼먹다, 시치미를 떼다, 간에 기별도 안 간다

7. 깨가 쏟아지다, 얼굴이 피다, 허파에 바람이 들다, 걸음아 날 살려라, 어깨를 짓누르다, 국물도 없다, 산통을 깨다

8. 무소의 뿔처럼 정면 돌파하다, 뼈에 사무치다, 쓴맛 단맛 다 보다, 내 마음은 호수요, 개밥에 도토리, 입에 거미줄 치다, 발 벗고 나서다

9. 입에 발린 말을 하다, 소귀에 경 읽기, 심장이 강하다, 꿈꾸는 듯한 기분이다, 간이 서늘하다, 발이 묶이다

10. 입을 모으다, 변덕이 죽 끓듯하다, 피도 눈물도 없다, 누워서 침 뱉기, 콧대를 꺾다, 김칫국을 마시다

이제 10분 안에 글을 써 보자.

글쓰기 Tip

아이디어가 많을 때는 숨 고르기가 필요하다!
글쓰기를 하려는데 머리가 멍해지면서 아무것도 생각나지 않을 때가 있다. 이것은 아이디어가 모자라서가 아니다. 오히려 아이디어가 너무 많아서 무엇부터 해야 할지, 어디서부터 시작해야 할지 모르는 것이다. 이런 경우 본격적으로 글쓰기를 시작하기 전에 이 책에 소개된 연습문제를 먼저 풀어 보자. 이 연습문제가 당신이 무엇을 쓸 것인지를 대신 골라 줄 것이다. 일단 쓰기 시작하면 자신의 글로 쉽게 옮겨 갈 수 있다.

76 day
거리 낙서 강연회

'마을의 벽화 위원회'와 '지역 문맹 방지 프로젝트'가 연합으로 시내의 커다란 벽 한 면을 초록색 칠판처럼 칠하기로 결정했다. 이들은 그 지역의 유명인을 고용해서 거대한 벽에 매일 어떤 주제에 대한 에세이 또는 의견을 쓰도록 하고 많은 사람이 볼 수 있게 한다. 바로 오늘, 당신이 발표자로 선정되었다.

1과 10 사이에서 숫자 하나를 선택하라. 오늘 당신이 거대한 벽에 써야 하는 주제가 있다.

1. 공공장소에서 흡연을 금지하는 것에 대하여
2. 필수 교육과 선택 교육에 대하여
3. 글쓰기 예술에 대하여
4. 가정 수업과 학교 수업을 반반씩 하는 것에 대하여
5. 사랑과 소유에 대하여
6. 영어 조기 교육에 대하여
7. 노숙자들을 위한 텐트촌을 설립하는 것에 대하여
8. 인터넷 댓글 문화에 대하여
9. 유기 동물 문제에 대하여
10. 식탁 예절에 대하여

 이제 10분 안에 글을 써 보자.

글쓰기 Tip

독자를 염두에 두고 글을 써라!

어떠한 상황에서든 글을 쓸 때는 독자를 염두에 두어야 한다. 재학 시절 선생님에게 제출했던 에세이나 잡지, 리포트 등이 독자를 의식하고 쓴 글로 바뀌면 어떨까? 지역 주민들이 다 보는 거리 벽보에 글을 올리고 사람들의 반응을 바로 듣는 것처럼 구체적으로 독자를 의식하고 썼다면 글의 질은 훨씬 높아졌을 것이다. 지금부터 독자를 염두에 두고 글을 써 보도록 하자. 독자들을 의식하며 쓴 글과 그렇지 않은 글이 얼마나 다른지 실감할 수 있을 것이다.

77 day
글쓰기 요리

매일 밥 먹듯이 글을 쓸 수 있도록 도와주는 글 레시피를 작성해 보자.
재료와 단계별 지침을 언급하는 것을 잊어서는 안 된다.
요리책에는 완성된 음식 사진을 싣지만 여기에서는 자신의 주장을
입증할 수 있는 개인적인 일화나 예문을 실어야 한다.
글쓰기에 대한 글이지만 실제 레시피에서 주로 찾을 수 있는
단어들을 사용해야 한다.

1과 10 사이에서 숫자 하나를 선택하라. 여기에 '매일 어떻게 글을 쓸 것인가?'라는 제목의 레시피에 사용해야 하는 단어 목록이 있다.

1. 젓갈, 4분의 1컵, 두루마리, 뿌리다, 소량, 거품을 내다
2. 젓다, 다지다, 식히다, 끓이다, 숟가락, 녹이다
3. 한 그릇, 말리다, 칼, 절이다, 담그다, 굳다
4. 튀기다, 껍질을 벗기다, 자르다, 숙성하다, 회를 뜨다, 갈변
5. 삶다, 썰다, 치대다, 데치다, 던지다, 화력
6. 굽다, 돌돌 말다, 요리하다, 빵, 기름, 흔들다
7. 붓다, 잘라 내다, 촉촉하다, 빻다, 육수, 냄비
8. 젓가락, 혼합하다, 양념하다, 깍둑썰기, 가열하다, 밀다
9. 입히다, 얼리다, 헹구다, 밀가루, 차다, 사탕
10. 덮다, 불리다, 죽, 보글보글, 으깨다, 비비다

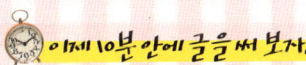
이제 10분 안에 글을 써 보자.

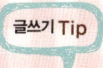
글쓰기 Tip

퇴고의 중요성을 기억하라!
퇴고는 찌개를 끓이고 나면 위에 하얗게 뜨는 기름을 제거하는 작업과 같다. 우리 몸에 필요 없는 지방이 쌓이는 것을 원치 않듯이 글에도 불필요한 단어, 문장, 단락이 있어서는 안 된다. 현재 쓰고 있는 글로 돌아가 필요 없는 부분을 제거하고 문장을 다듬어 보자. 글이 눈에 띄게 좋아지는 것을 발견할 수 있을 것이다.

78 day
사소한 것에서 의미 있는 것으로

우리 주변에 있는 모든 것이 글의 소재가 될 수 있다.
슈퍼마켓 비닐봉지나 동네 카페에서 개업 기념으로 나누어 준
머그컵에서도 다음과 같은 아이디어를 떠올릴 수 있다.
슈퍼마켓 비닐봉지를 줄이기 위한 방안, 카페에서 소개팅을
했던 사람, 쓰레기 매립지 문제, 화가 나서 컵을 던진 사건까지
개인적·사회적인 경험에 따른 이야기가 무궁무진하다.
지금부터 평범한 소재와 관련된 다양한 아이디어를
떠올려 보고 의미 있는 이야기를 만들어 보자.

1과 10 사이에서 숫자 하나를 선택하라. 이 소재를 이용해 의미 있는 이야기를 만들어 보자.

1. 종이컵
2. 손전등
3. 돋보기
4. 자동응답기
5. 카메라
6. 편지
7. 껌 반쪽
8. 계산기
9. 약병
10. 수첩

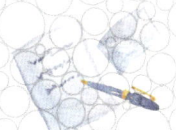

이제 10분 안에 글을 써 보자.

글쓰기 Tip

글을 잘 쓸 수 있는 장소를 찾아라!
글을 쓰는 장소는 개인적인 선택의 문제이다. 처음 가 본 카페에서 주변의 소음을 참으면서 글을 쓸 때 의외로 글이 잘 풀릴 수 있다. 또는 집에서 좋아하는 음악을 틀어 놓고 차를 마시면서 글을 쓸 수도 있다. 어디에 있든지 글이 잘 써지는 곳을 안다는 것은 매우 중요한 일이다. 오래도록 글이 써지지 않는다면 장소를 바꾸어 보라. 글쓰기에 성공할 수 있을 것이다.

간격을 두고 글쓰기

종이 세 장을 함께 묶는다. 그리고 나서 첫 장에 어떤 글이든 쓰라.
글을 다 쓰면 두 번째 장의 맨 위에 첫 번째 장의 마지막 문장을 그대로 옮겨 적는다.
달력을 찾아 두 번째 장은 일주일 뒤 그리고 그 다음 장은 다시 일주일 뒤
날짜를 적고 그 날짜에 맞춰 다시 이 글쓰기로 돌아오라.
일주일 뒤 두 번째 장의 첫 문장을 보면서 일주일 전에 무엇을 썼는지
보려고 하지 말고 첫 문장에 이어지는 새로운 글을 쓰기 시작한다.
이번에도 마찬가지로 그 종이 끝까지 글을 쓰고 마지막 문장을
세 번째 장 위에 옮겨 적는다. 그리고 다시 일주일 뒤 세 번째 장을 보면서
전과 똑같이 앞 장은 보지 말고 맨 위에 있는 문장에 이어지는 글을 쓴다.
세 번째 장의 글쓰기를 마친 뒤 첫 번째 장부터 세 번째 장까지
전체 내용을 큰 소리로 읽어 보라. 만족스런 미소를 짓게 될 것이다.

❓ 1과 10 사이에서 숫자 하나를 선택하라. 여기 첫 번째 장에 쓸 시작 문구가 있다.

1. 부모님 편지를 읽은 후
2. 전학생은 열여섯 살 때
3. 가게를 새로 오픈하는 날
4. 아버지는 고등학교 때
5. 다리 밑에서 구조된 구조견은
6. 삼촌의 사고 현장을
7. 녹화가 모두 끝난 뒤에도
8. 나는 달력에 동그라미를
9. 주말이면 우리들은
10. 도심의 광장 한가운데서

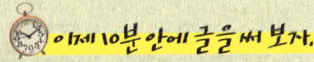
이제 10분 안에 글을 써 보자.

글쓰기 Tip

'간격을 두고 글쓰기'의 응용법
세 사람이 있으면 이 글쓰기 방법을 응용할 수 있다. 세 사람이 각자 한 장의 종이를 삼등분하여 접고 번호를 매긴다. 맨 처음 1번 칸에서부터 2번 칸의 첫째 줄까지 글을 쓰고 그 종이를 자신의 왼쪽 사람들에게 넘긴다. 종이를 받은 사람은 2번 칸을 채우고 마찬가지로 3번 칸의 첫째 줄까지 글을 쓰고 자신의 왼쪽 사람에게 종이를 넘긴다. 각자 세 번째 종이를 받으면 앞에서 했던 것처럼 종이 끝까지 글을 써서 이야기를 마무리한다. 마지막으로 자신의 종이를 돌려받아 그곳에 적힌 이야기를 읽어 보라. 기대 이상의 재미를 느낄 수 있을 것이다.

80 day
토요일 아침 광고

이번에 출시된 장난감은 인기 만화 주인공을 캐릭터화한 제품으로 인기가 뜨거울 것으로 예상된다.
지금부터 이 장난감에 어울리는 이름을 붙이고 토요일 아침 방송에 내보낼 장난감을 홍보하는 광고 문구를 만들어 보자.
부모는 자녀에게 사 주고 싶고, 아이는 크리스마스 선물로 받게 해 달라고 소원을 빌고 싶을 만큼 매력적인 광고 문구를 만들어 본다.

1과 10 사이에서 숫자 하나를 선택하라. 여기 광고에 사용할 단어 목록이 있다.

1. 겨자, 뒤죽박죽, 회전목마, 지도, 회전
2. 장식, 다트, 삭제, 단호, 먼지
3. 아디오스, 봉주르, 알로하, 샬롬, 굿바이
4. 나비넥타이, 일회용 밴드, 바람, 배, 전구
5. 멍멍, 인내, 주의, 도넛, 방울
6. 고함, 질문, 솜사탕, 건어물, 껍질
7. 주전자, 햇볕, 앞치마, 이발사, 수박
8. 오케스트라, 올리브, 타조, 기름, 타원형
9. 눈, 콧구멍, 혀, 달, 텔레토비
10. 자장면, 장점, 멜로디, 반죽, 진흙

 이제 10분 안에 글을 써 보자.

글쓰기 Tip

시간을 쪼개서 글을 써라!

꾸준히 글을 쓰는 시간을 확보하는 것은 쉽지 않은 일이다. 주말 아침에 시간을 들여 충분히 글을 썼다고 해서 다음 주말에도 글을 쓸 수 있으리라는 보장은 없다. 3주 정도 달력을 가지고 다니며 자신의 시간을 사용하는 패턴을 확인해 보자. 신호등 앞에서 기다리는 동안에 잠깐 떠오른 아이디어라도 시각, 소요된 시간 및 장소 등을 적어 둔다. 꾸준히 기록하고 나면 어느 정도 자신만의 패턴을 발견할 수 있게 된다. 그런 다음에 이 정보로 다음 3주 동안의 글쓰기 일정을 짜 보자. 시간을 훨씬 알차게 활용할 수 있을 것이다.

81 day
삶의 단편

삶에서 일어날 수 있는 여섯 가지 단편적인 사건에 대해 생각해 보자.

- 그중 하나를 제목으로 사용한다.
- 그중 하나를 첫 단어 또는 문장으로 사용한다.
- 그중 하나를 마지막 단어 또는 결론으로 사용한다.
- 나머지 세 가지는 글의 본문으로 사용한다.

1과 10 사이에서 숫자 하나를 선택하라. 여기 여섯 가지 삶의 단편에 대한 질문이 있다. 이 질문에 대답하고 앞서 제시한 조건에 맞추어 글을 써 보자.

1. 오늘 가장 마지막으로 보았던 사람에 대한 간단한 묘사, 인상 깊은 숫자, 좋아하는 냄새, 종종 머릿속에서 맴도는 노래, 싫어하는 운동, 좋아하는 선생님

2. 어린 시절에 가장 좋아하던 옷, 싫어하는 음식, 처음 정장을 샀던 곳, 가장 좋아하는 소설책, 먼 친척의 이름, 개의 나이로 계산한 내 나이(사람 나이×7 =개 나이)

3. 가장 좋아하는 요리에 쓰이는 메인 재료, 즐겨 보는 운동 경기, 어린 시절에 살던 집, 도서관에 가는 시간, 어린 시절에 다녔던 치과, 여행지로 방문했던 곳 중 가장 기억에 남는 장소

4. 자장가 한 소절, 좋아하는 차 모델, 싫어하는 채소, 처음 파마를 했던 미용실, 매일 평균적으로 마시는 물의 잔 수, 가지고 싶은 이름

5. 최근에 간 커피숍, 오늘 아침에 사용한 샴푸, 자신이 자주 사용하는 단어 표현, 어린 시절에 자신을 놀렸던 친구, 오늘 화장실에 간 횟수, 싫어하는 노래 제목

6. 좋아하는 시 구절, 가장 불쾌하게 여기는 냄새, 마음속에 간직하고 있는 소원, 아끼는 신발을 산 곳, 지금까지 보약을 먹은 횟수, 가장 좋아하는 아침 식사 메뉴

7. 좋아하지 않는 TV 프로그램, 마지막으로 다녔던 회사의 이름, 가장 좋아하는 직가, 지금 있는 곳에서 가장 가까운 곳에 있는 바다나 호수 또는 강, 자신의 이상형, 좋아하는 샌드위치 재료

8. 가장 여행하고 싶은 나라, 자주 지나다니는 거리, 생각만 하면 기분 좋아지는 단어, 좋아하는 과일, 돼지저금통에 있는 돈의 액수, 가장 좋아하는 동화책 제목

9. 가장 최근에 외식을 한 식당, 지금 먹고 있는 약, 가장 존경하는 사람, 내년 생일 케이크에 꽂을 양초의 수, 당신의 매력, 어린 시절의 별명

10. 좋아하는 식물, 갖고 싶은 필명, 지금 신고 있는 신발의 종류, 당신을 실망시킨 사람, 가장 좋아하는 후식, 마지막으로 여행했던 곳에 대한 간략한 설명

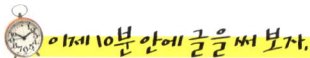

글쓰기 Tip

글쓰기를 놀이로 전환하라!

만약 당신이 친한 친구의 생일 파티에 초대받았다면 재미있는 놀이를 준비해 보자. 먼저 재미있는 질문이 적힌 종이를 준비하자. 예를 들면, 다음과 같다. 내가 만약 범죄자라면 나는_____ 할 것이다. 내가 만약 대통령이라면 나의 첫 번째 지시 사항은_____ 일 것이다. 내가 100억짜리 로또에 당첨되었다면 나는_____할 것이다. 내가 슈퍼히어로라면 나의 슈퍼파워는 _____ 일 것이다. 내가 무인도에 간다면 가지고 갈 두 가지 물건은 _____과 _____일 것이다. 사람들은 빈칸에 답을 적으면서 깔깔대며 즐거워할 것이다. 이렇게 톡톡 튀고 창의적인 아이디어로 다른 사람들에게 재미있고 기억에 남을 만한 시간을 선사해 보자.

인물 묘사하기

82day

아래 표를 보기 전에 먼저 1과 50 사이에서 다섯 개의 숫자를 선택하라.
이제 아래 표에서 당신이 고른 숫자에 해당하는 단어를 확인한다.
이 단어들은 사람의 특성을 표현한 것이다.
선택한 다섯 개의 단어로 한 인물을 묘사해 보자.

1. 녹색 눈을 가진	11. 쉽게 빨개지는	21. 발가락이 여섯 개씩 있는	31. 직관적인	41. 건망증이 심한
2. 남과 어울리기 좋아하는	12. 집에만 있는	22. 속물의	32. 질투하는	42. 영감을 주는
3. 초조해하는	13. 가래가 끓는	23. 죄책감에 시달리는	33. 보호본능을 자극하는	43. 주근깨가 난
4. 작은 입을 가진	14. 인색한	24. 변덕스러운	34. 간사한	44. 빼빼하게 마른
5. 키가 큰	15. 기운이 없는	25. 빚진	35. 병적인 혐오증이 있는	45. 외로운
6. 일을 미루는	16. 앞니가 툭 삐져나온	26. 콧물을 흘리는	36. 이가 없는	46. 절뚝이는
7. 충동적인	17. 한 명의 자녀가 있는	27. 성숙하지 못한	37. 규범을 따르지 않는	47. 열심히 일하는
8. TV만 보며 시간을 보내는	18. 중얼거리는	28. 크게 웃는	38. 밤 늦도록 자지 않는	48. 멘사 회원의
9. 고양이를 키우는	19. 경솔한	29. 여드름이 있는	39. 동정하는	49. 뚱뚱한
10. 앳된 얼굴의	20. 거친	30. 흥분을 잘하는	40. 싱거운	50. 뻔뻔스러운

위에서 고른 특성을 잘 엮어서 다음 페이지에 나오는 문구로 당신이 새롭게 만든 인물에 관한 글을 시작하라.
단순히 인물의 특성만 언급하지 말고 인물의 대화나 행동, 사건 등을 통해 간접적으로 드러내라.

1과 10 사이에서 숫자를 선택하라. 여기에 당신의 글을 시작하는 문구가 있다.

1. 마을에 있는 모든 사람 중에서
2. 기차에 타고 있는 모든 사람 중에서
3. 학교에 있는 모든 사람 중에서
4. 그 단체에 있는 모든 사람 중에서
5. 그 방에 있는 모든 사람 중에서
6. 들을 수 있는 범위에 있는 모든 사람 중에서
7. 지구에 남겨진 모든 사람 중에서
8. 그 행성에 있는 모든 사람 중에서
9. 하늘에 있는 모든 사람 중에서
10. 그 버스에 탄 모든 사람 중에서

글쓰기 Tip

닮고 싶은 사람의 장점을 기억하라!
당신이 좋아하는 특정 인물의 특성을 나열해 보자. 그 특성 중에 현재 당신에게도 포함되는 부분에 동그라미해 보라. 당신의 기질에 첨가하고 싶은 특성에는 밑줄을 그어 보자. 그리고 그 특성을 당신의 것으로 만들기 위해 일련의 목표를 세워 보자. 목표를 실천하다 보면 조금씩 그 사람의 모습에 다가가는 자신을 발견할 수 있을 것이다.

83 day
단어에서 단어로

이번에는 1과 10 사이에서 선택하는 것이 아니라
1과 31 사이에서 선택한다. 그리고 그 숫자에 2를 곱한다.
더 쉽게 하려면 오늘 날짜를 택하고 거기에 2를 곱하라.
책장을 넘기고 처음 뽑은 숫자와 2를 곱한 숫자를 찾는다.
여기에 당신이 글을 시작할 두 개의 단어가 있다.
첫 단어로는 처음 5분 동안 글을 쓰고
두 번째 단어로는 다음 5분 동안 글쓰기를 시작하라.
물론 두 번째 단어로 시작하는 글쓰기는
처음의 글과 자연스럽게 연결이 되어야 한다.

1. 대장
2. 날개
3. 인용
4. 향기
5. 고백
6. 처음
7. 면허증
8. 주사위
9. 의심
10. 배웅
11. 생각
12. 선호
13. 기다림
14. 다이어리
15. 초저녁
16. 학생
17. 애걸복걸
18. UFO
19. 불꽃

20. 질투
21. 방문자
22. 축복
23. 지하
24. 밧줄
25. 운동
26. 소행성
27. 공언
28. 누설
29. 인내
30. 여우
31. 짜증
32. 자장가
33. 투표
34. 건망증
35. 이상
36. 좌식
37. 위
38. 재미

39. 확률

40. 변장

41. 결과

42. 벼랑

43. 저녁

44. 어떤

45. 만남

46. 인쇄물

47. 꽃

48. 대문

49. 엄마

50. 외식

51. 가장

52. 월급

53. 돈가스

54. 아파트

55. 노래방

56. 가족

57. 통닭

58. 꿈

59. 우산

60. 강원도

61. 백일

62. 편지

글쓰기 Tip

하루에 2분 만이라도 투자하라!
하루에 10분이 어렵다면 2분 만이라도 시간을 내어 보라. 이 2분 동안 나중에 쓸 글에 관해 메모하라. 아니면 2분 동안 짧은 글을 써 보라. 이렇게 하면 정신없이 바쁘게 살아가는 중에도 글쓰기 연습에 충실하려는 당신의 결심을 여전히 이행하는 것이 되므로 만족감을 느낄 것이다. 2분은 아무것도 아닌 짧은 시간인 것 같아도 쪼개서 활용하면 긍정적인 자산이 된다. 글쓰기에서 태도는 다른 요소 못지않게 중요한 요소이다. 짧은 시간 동안 글쓰기에 몰두하는 자신을 보는 것은 큰 자극이 된다.

84 day
육하원칙

누가	무엇을
언제	어디서
왜	어떻게

위의 표처럼 종이를 6등분이 되도록 접었다 편 다음 각 칸에 육하원칙을 써 넣는다. 육하원칙이 적힌 여섯 개의 칸에 그에 맞는 글을 쓴다. 이야기의 흐름을 고려하지 말고 육하원칙에 입각해서 쓰기만 하면 된다. '왜'라는 칸의 글이 '누가'라는 칸의 글과 연결되지 않는다고 걱정하지 말라. 여섯 개의 칸을 채운 뒤에도 만약 당신이 쓰고 싶은 이야기가 있다면 그 이야기를 써라.

'누가, 무엇을, 언제, 어디서, 왜, 어떻게'는 글쓰기를 시작하는 기초가 되지만 어느 단계에 이르면 이 틀에서 벗어날 수 있게 된다.

1과 10 사이에서 숫자 하나를 선택하라. 여기 육하원칙에 의거해서 써야 하는 글의 주제가 있다.

1. 도시락 싸기
2. 애완동물 기르기
3. 캠핑하기
4. 농사짓기
5. 저축하기
6. 요리하기
7. 이간질(또는 고자질)하기
8. 결혼(또는 고백)하기
9. 질투하기
10. 외국어 배우기

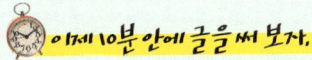
이제 10분 안에 글을 써 보자.

글쓰기 Tip

육하원칙을 지켜라!
육하원칙은 신문 기사뿐 아니라 모든 종류의 글쓰기에 적용할 수 있다. 당신이 너무 많은 정보 때문에 글을 어떻게 써야 할지 부담스럽다면 육하원칙에 따라서 글을 써 보자. 자동으로 글쓰기를 시작할 수 있을 것이다. 육하원칙에 따른 글쓰기는 이야기가 어떻게 전개되는지 파악하게 해 준다.

PART 08
문장력 Up

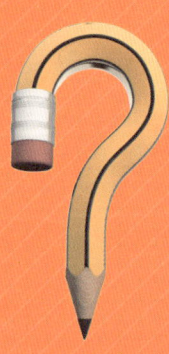

85 day

시간 노동자의 하루

당신은 곧 3010년 10월 10일의 어느 도시에 도착한다. 당신이 시간 주식회사에 입사하고 나서 정해진 첫 발령시(發令時)는 3010년이다. 이 회사는 입사를 하면 발령지가 아니라 발령시가 정해진다. 3000년대로 간다는 게 부담스럽지만 구석기 시대로 간 당신의 입사 동기에 비하면 그나마 운이 좋은 편이다. 당신이 발령시에 가서 당장 해야 할 일은 도시의 상황을 보고하는 것이다. 하지만 유감스럽게도 우주에서 가장 빠른 시간 소프트웨어는 여섯 개의 문장으로밖에 작성하지 못한다. 어떻게 이 복잡한 3010년 10월 10일의 상황을 여섯 개의 문장으로 요약할 수 있겠는가? 하지만 선택의 여지가 없다. 종이에 상사에게 보낼 내용을 여섯 개의 문장으로 작성해 보라.

1과 10 사이에서 숫자 하나를 선택하라. 여기에는 여섯 개의 문장으로 이루어진 글에 꼭 포함해야 하는 단어가 있다.

1. 큰

2. 작은

3. 꽤

4. 몹시

5. 마구

6. 더

7. 깊은

8. 좁은

9. 얕은

10. 짙은

 이제 10분 안에 글을 써 보자.

글쓰기 Tip

창작의 과정을 되새겨라!
창작의 과정을 열 글자로 요약해 보면 다음과 같다.
(1)경험하라 (2)탐구하라 (3)시작하라 (4)갈고 닦아라 (5)평가하라 (6)초고를 써라 (7)수정하라 (8)보내라 (9)홍보하라 (10)반복하라

당신은 어떤가? 자신의 글쓰기 과정을 열 단어로 요약할 수 있는가? 이렇게 하면 눈으로 각 단계를 확인할 수 있으므로 보통 자신이 어디에서 막히는지 알 수 있다. 당신은 어디에서 어려움을 느끼는가?

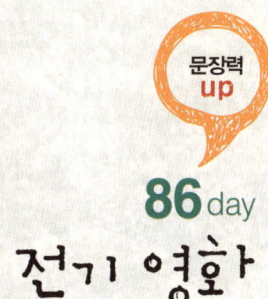

86 day
전기 영화

전기 영화는 역사적으로 중요한 사람의 일생을 그린다. 때로는 사실을 부풀리기도 하고 상황에 따라서는 실제 삶과는 조금 다르게 표현하기도 한다. 이번에는 살면서 아주 특별했던 사건에 대해 생각해 보자. 그리고 그 사건의 흥미로운 한 장면에 대해 떠올려 보자. 이 사건이 당신의 일생을 다루는 전기 영화의 첫 장면이 될 것이다. 어떻게 각본을 구상할 것인가는 전적으로 당신에게 달렸다. 흥미를 느낀다면 더 많은 장면을 써 보자. 굳이 순서대로 쓰거나 앞뒤 연결 관계를 따지지 않아도 된다. 당신의 삶에서 행복하고 드라마틱했던 순간을 종이 위에 펼쳐 보자.

1과 10 사이에서 숫자 하나를 선택하라. 여기에 당신의 전기 영화에 첫 장면으로 써도 될 만한 좋은 예들이 있다.

1. 출생
2. 어린 시절 아팠던 경험
3. 경찰이나 법이 개입된 사건
4. 실패의 경험
5. 첫날
6. 전율이 일었던 경험
7. 졸업
8. 소중한 사람을 잃은 일
9. 어렵게 얻은 교훈
10. 축복받은 일

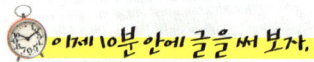
이제 10분 안에 글을 써 보자.

> **글쓰기 Tip**
>
> **자서전과 회고록 구분하기!**
> 자서전과 회고록은 종종 혼동하기 쉽다. 하지만 다음의 의미를 기억하면 구별하기 쉬울 것이다. 자서전은 한 사람의 인생 전체를 주로 연대기별로 기록한 것이고, 회고록은 인생의 어느 한 부분에 초점을 맞춰 자세히 기록한 것이다. 이야기 전달을 위해 회고록에서는 소설 기법을 사용하기도 한다.

87 day
메시지를 전하는 비둘기

당신이 쓴 글을 세상에 알릴 기회는 많다.
자신이 쓴 글을 홈페이지나 카페 또는 게시판에
올릴 수도 있고 직접 봉투에 넣어 우편으로 보내거나
이메일로 보낼 수도 있다. 감성적인 방법이기는 하지만
동화에서처럼 비둘기를 통해 날려 보내거나
병에 담아 바다에 띄워 보내는 방법도 있다.
자신이 쓴 글이 출판되기를 원한다면 책으로
만들어 보는 것도 한 가지 방법이 될 수 있다.

1과 10 사이에서 숫자 하나를 선택하라. 다음은 누군가에게 보내는 당신의 글이다.

1. 진작 보내야 했을 사과 편지
2. 논평이나 기고
3. 국회의원에게 보내는 편지
4. 가장 좋아하는 예술가에게 보내는 편지
5. 어느 누구에게도 말하지 않은 비밀
6. 전혀 마음에 들지 않은 작품에 대한 혹평
7. 오랫동안 연락이 끊긴 누군가에게 보내는 편지
8. 불친절한 고객 서비스에 대한 불만 사항
9. 특별히 아끼는 사람에게 보내는 칭찬의 편지
10. 잡지사에 보내는 짧은 기사나 에세이

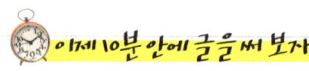
이제 10분 안에 글을 써 보자.

글쓰기 Tip

기본을 지키는 사람이 전문가이다!
출판사나 잡지사에 글을 보내기로 결정했다면 반드시 확인해야 할 것이 있다. 보낼 곳의 이메일 주소, 담당자 이름, 전화번호, 직함을 꼭 확인하는 것이다. 특히 출판사나 잡지사가 엄수하는 제출 가이드라인을 따라야 한다. 왜냐하면 이것으로 당신이 얼마나 전문적인가를 평가하기 때문이다. 당신의 능력뿐 아니라 전문성도 평가 대상이 된다는 사실을 기억하라.

문장력 up

88 day
구인 광고

구인 광고는 직업을 구하거나 사람을 찾을 때만 쓰이는 게 아니다. 글을 함께 쓸 파트너나 글쓰기를 지도하고 이끌어 줄 수 있는 멘토, 여름휴가를 보낼 오두막집을 찾을 때도 유용하다. 지금부터 당신이 찾고 있는 어떤 사람에 대하여 구인 광고를 내 보자. 자신이 누구이고 어떤 사람을 찾고 있는지에 대해서 최대한 설득력 있게 써야 한다.

1과 10 사이에서 숫자 하나를 선택하라. 당신이 찾고 있는 사람이 여기에 있다.

1. 당신에게 글쓰기 조언을 해 줄 수 있는 스승이자 멘토
2. 애완용 뱀을 돌봐 줄 사람
3. 결혼식 댄스 파티를 위한 댄스 강사
4. 당신의 까다로운 식성에 맞게 요리를 해 줄 수 있는 요리사
5. 사업 파트너
6. 동화 그림 작가
7. 자서전을 대필해 줄 사람
8. 러시아 어를 유창하게 말할 수 있게 지도해 줄 개인교사
9. 타임머신을 함께 만들 파트너
10. 당신이 창조적인 꿈을 좇을 동안 물질적으로 지원해 줄 수 있는 부자

 이제 10분 안에 글을 써 보자.

글쓰기 Tip

주변 사람에게 조언을 구하라!
글쓰기를 성공적으로 이끄는 방법은 기밀 정보가 아니다. 우리 주변에는 성공적인 글쓰기를 위한 책, 웹사이트, 강좌, 학회 등이 많이 있다. 여기서 자신에게 맞는 것을 선택하는 가장 좋은 방법은 다른 사람의 조언을 듣는 것이다. 당신의 개성, 글을 쓰는 목적, 예산에 맞게 글쓰기를 진행해 나갈 수 있는 방법을 추천해 달라고 조언을 구해 보라. 그렇다고 그 조언을 무조건 따를 필요는 없다. 추천받은 방법 중에서 자신에게 맞는 방법을 확인하고 기회가 있을 때마다 그에 맞게 시도해 본다.

89 day
문장 만들기

아래 표를 보고 1번에서 6번까지 각기 한 단어씩을 골라 문장을 만들고 그 문장을 포함하는 이야기를 만들어 보자.
예: (1) 그 (2) 사자 조련사 (3) 완벽하다 (4) 기록하다 (5) 사탕 (6) ~후에
30년 경력의 **그 사자 조련사**는 **완벽하게** 사자를 조련했을 뿐 아니라 사자의 성장을 세세하게 **기록하여 후에** 동물 조련을 배우고자 하는 사람들로 하여금 **사탕**과도 같이 달콤한 기술을 전달해 주었다.

1번	2번	3번	4번	5번	6번
그	한국 문학의 거장	슬프다	외관을 훼손하다	울타리	~대신에
어떤	사자 조련사	화나다	표현하다	신문	~와 함께
많은	귀신	단호하다	전달하다	딸꾹질	~와 더불어
얼마의	대부업자	걱정스럽다	요구하다	원숭이	~인
적은	선교사	기다리다	선정하다	피자	~에게
좁은	외계인	버릇없다	억류하다	어린이	~이거나
셋	아코디언 연주자	늙다	토론하다	오징어	~때문에
한두 가지	출납원	난폭하다	기록하다	책	~으로부터
이전에	개를 산책시키는 사람	조용하다	파괴하다	사탕	~로 하여금
99	8년 사귄 애인에게 차인 사람	완벽하다	두 배가 되다	쿠키	~후에

1과 10 사이에서 숫자 하나를 선택하라. 여기에는 세계적으로 유명한 장소와 슈퍼 영웅이 있다. 이들을 이용해서 이야기를 만들어 보라.

1. 에펠 탑, 스파이더맨

2. 그랜드캐니언, 아이언맨

3. 피사의 탑, 배트맨

4. 자유의 여신상, 원더우먼

5. 만리장성, 슈퍼맨

6. 불국사, 헐크

7. 스톤헨지, 독수리 오형제

8. 파르테논, 엑스맨

9. 피라미드, 손오공

10. 노이슈반슈타인성, 건담

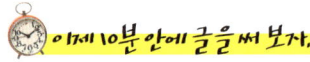
이제 10분 안에 글을 써 보자.

글쓰기 Tip

실패를 딛고 일어서라!
성공은 실패를 딛고 일어설 때 얻어지는 것이다. 할리우드 영화배우 브래드 피트는 수백 번의 오디션에 떨어지고 나서야 단역 하나를 겨우 따낼 수 있었다. 개그맨 김병만은 개그 공채 시험에서 7번, 대학 연극영화과에서 9번 낙방하고 나서야 합격할 수 있었다. 이들은 좌절할 수도 있었지만 포기하지 않고 끝까지 노력했다. 글쓰기를 정말 좋아한다면 실패에 연연하지 말고 계속 써 나가야 한다.

90 day
금기 사항

어느 집단이든 금기 사항이 있다.
나라, 종교, 언어, 문화에 이르기까지
집단의 특성에 따라 그 금기 사항은 매우 다양하다.
만약 당신이 쓰는 글 속에도 금기가 있다면 어떨까?
지금부터 금기 사항을 지키면서 글을 써 보자.

1과 10 사이에서 숫자 하나를 선택하라. 여기에 당신이 지켜야 할 금기 사항이 있다.

1. 뒤를 돌아보지 마라 ▶ 뒤를 돌아보지 말고 뒤에 무엇이 있는지(실제로 또는 상상으로) 써 본다.

2. 아래를 보지 마라 ▶ 아래를 내려다보지 말고 발 아래에 무엇이 있는지(실제로 또는 상상으로) 써 본다.

3. 위를 보지 마라 ▶ 위를 올려다보지 말고 머리 위에 무엇이 있는지(실제로 또는 상상으로) 써 본다.

4. 오른쪽을 보지 마라 ▶ 오른쪽을 보지 말고 오른쪽에 무엇이 있는지(실제로 또는 상상으로) 써 본다.

5. 왼쪽을 보지 마라 ▶ 왼쪽을 보지 않고 왼쪽에 무엇이 있는지(실제로 또는 상상으로) 써 본다.

6. '흰색' 이미지를 사용하지 말고 흰색을 묘사하라 ▶ 단어를 사용할 때 눈, 종이, 피부, 백지, 구름, 컬러, 인종과 같은 단어를 사용하지 마라.

7. '검정색' 이미지를 사용하지 말고 검정색을 묘사하라 ▶ 단어를 사용할 때 석탄, 밤, 피부, 인종, 구름, 커피, 머리카락과 같은 단어를 사용하지 마라.

8. '녹색' 이미지를 사용하지 않고 녹색을 묘사하라 ▶ 단어를 사용할 때 나무, 잎사귀, 봄, 청춘, 푸르다, 칠판과 같은 단어를 사용하지 마라.

9. '빨간색' 이미지를 사용하지 말고 빨간색을 묘사하라 ▶ 단어를 사용할 때 노을, 분노, 열정, 당근, 불, 소방관, 고기, 피와 같은 단어를 사용하지 마라.

10. 생각을 아무것도 걸러 내지 말고 글로 써라 ▶ 아무리 바보 같고 문맥에 맞지 않더라도 모든 내용을 종이에 옮긴다.

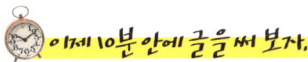

글쓰기 Tip

글쓰기를 자극하는 단어를 찾아라!

'않았다.'라는 표현은 글쓰기를 자극하는 데 사용할 수 있는 좋은 단어이다. '않았다.'라는 표현을 사용할 수 있는 많은 문장의 예가 있다.

묻지 않았다, 가져오지 않았다, 어울리지 않았다, 찾지 않았다, 주지 않았다, 가지지 않았다, 초대하지 않았다, 키스하지 않았다, 사랑하지 않았다, 만들지 않았다, 시도하지 않았다, 알리고 하지 않았다, 추구하지 않았다, 말하지 않았다, 믿지 않았다, 이해하지 않았다, 필요하지 않았다, 놀지 않았다, 열지 않았다, 소중하게 여기지 않았다, 기다리지 않았다…….

91 day
시점의 변화

최근에 당신에게 일어난 어떤 사건에 대해 생각해 보자. 거기에 두 사람 이상이 관련되어 있다면 더욱 좋다. 이제 당신은 자신에게 일어난 이야기를 다른 사람에게 들려주어야 한다. 그러나 시점에 변화가 주어진다.

1과 10 사이에서 숫자 하나를 선택하라. 여기에 이야기를 전하는 사람이 있다.

1. 제3자의 입장에서 이야기를 쓴다. 어떤 갈등이 벌어졌다면 갈등의 주체가 아니라 제3자의 입장에서 이야기를 써 보자.

2. 3인칭 시점으로 이야기를 쓴다. 어떤 갈등이 벌어졌다면 피의자의 입장도 고려한 3인칭 시점으로 이야기를 써 보자.

3. 너 또는 당신을 사용하여 2인칭 시점으로 이야기를 써 보자. 2인칭 시점에서 글을 쓰는 것이 쉽지는 않지만 일단 익숙해지면 재미있는 작업이 될 수 있다.

4. 사건이 일어났을 당시의 자신보다 나이가 훨씬 많은 다른 사람이 되어 보자. 그리고 그 사람의 눈으로 이야기를 써 보자.

5. 사건이 일어났을 당시의 자신보다 나이가 훨씬 어린 다른 사람이 되어 보자. 그리고 마치 그 사람에게 일어난 일처럼 그의 시점에서 이야기를 써 보자.

6. 사건 속에서 자신의 성을 바꾸어 보자. 당신이 여성이면 남성의 입장에서, 남성이면 여성의 입장에서 이야기를 써 보자.

7. 단지 배경에 그쳤을지라도 사건 속에서 어떤 중요한 역할을 하는 사물의 관점에서 글을 써 보자.

8. 사건 속에 나오는 동물의 관점에서 이야기를 써 보자. 만약 동물이 나오지 않는다면 동물이 나오도록 이야기를 살짝 바꿔도 좋다.

9. 당신이 모르는 사이에 모든 사건을 다 지켜본 외계인의 입장에서 글을 써 보자.

10. 어떤 일이 일어난 지 얼마 되지 않아 누군가에게 그 이야기를 전했다고 가정해 보자. 그 사람이 당신에게 들은 이야기를 제3자에게 또 다시 전한다고 생각하고 글을 써 보자.

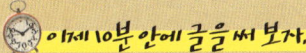
이제 10분 안에 글을 써 보자.

92 day
숲 속에서 생긴 일

숲에서 길을 잃었다.
휴대폰은 먹통이고 당신 주위에는 아무것도 없다.
휴대폰에 있는 손전등 기능을 이용해 저 멀리 언덕에서
금빛으로 반짝이는 곳을 향해 비췄다. 언덕이 있는 방향으로
몇 걸음 옮기자 갑자기 얼어붙을 정도로 차가운 공기가 얼굴을 때렸다.
앞으로 당신에게 어떤 일이 일어날지를 써 보자.

<u>문장의 시작: 평상시라면 나는 지름길로 갔을 것이다.</u>

1과 10 사이에서 숫자 하나를 선택하라. 여기에 당신이 이야기를 끝낼 때 사용해야 하는 문장이 있다.

1. 그래서 내가 나침반 안경을 만들게 되었던 거야.
2. 이제는 왜 내가 나무 타는 냄새를 맡을 때마다 감정이 복잡해지는지 알 거야.
3. 그 거짓말 같은 사건이 실제로 일어난 일이라 생각하니 좀 으스스하다.
4. 다행히도 그 낯선 사람은 괜찮은 사람이었어.
5. 다음에는 쉽고 평탄한 길로 가야겠다.
6. 그 사람의 말이 정확하게 맞았던 거야.
7. 다음에 누가 그 산에 투자할 가치가 있다고 말하면 그때는 너도 충고를 들어.
8. 기회가 주어진다면 처음부터 다시 시작할 거야.
9. 한 치 앞도 모르는 게 인생사지.
10. 북극성은 언제나 올바른 안내자 역할을 한다는 것을 새삼 깨달았어.

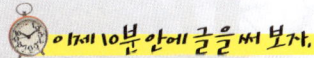
이제 10분 안에 글을 써 보자.

> **글쓰기 Tip**

자연 속을 거닐어 보라!

산이나 계곡, 바다로 나가 자연 속에서 걸어 보라. 글쓰기에 많은 도움이 된다. 무엇보다 실내에서 컴퓨터나 노트북 앞에 몇 시간이고 붙어 앉아 글을 써야 하는 사람에게는 육체와 정신의 균형을 유지해 준다. 또 정신을 맑게 하여 막혀 있던 생각을 뚫어 주고 새로운 생각을 떠오르게 한다. 뿐만 아니라 자연에서 글 쓸 소재를 많이 찾을 수 있다. 다음 주 안으로 숲이나 바닷가에 가서 한 시간 정도 혼자 있어 보자. 펜과 종이를 가져가든지 아니면 집에 와서 쓰든지 그것은 당신의 자유이다.

93 day
2인칭 시점

2인칭 시점 글쓰기는 2인칭 대명사 '너' 또는 '당신'을 사용하여 글을 쓴 것을 말한다. 가장 대표적인 것으로 편지가 있다. 2인칭 시점으로 글을 쓰는 것이 처음에는 약간 어려울 수도 있지만 일단 익숙해지면 정말 재미있고 효과적이다.
2인칭 시점 글쓰기를 익히는 가장 좋은 방법은 독자에게 무엇을 하게 하는 것이다.

1과 10 사이에서 숫자 하나를 선택하라. 여기에 당신이 써야 할 글의 주제가 있다. 2인칭 시점을 사용하여 독자에게 어떤 방법에 대해 알려 줘 보자.

1. 몸무게를 일주일 만에 5kg 늘리는 방법
2. 버스에서 좌석을 빨리 차지하는 방법
3. 야생 동물을 길들이는 방법
4. 볏짚 더미에서 바늘을 찾는 방법
5. 유명인과 친구가 되는 방법
6. 100인용 가마솥에 밥을 하는 방법
7. 술에 빨리 취하지 않는 방법
8. 먼저 미안하다고 말하는 방법
9. 복권에 쉽게 당첨되는 방법
10. 싫어하는 사람에게 티 내지 않고 복수하는 방법

 이제 10분 안에 글을 써 보자.

글쓰기 Tip

최고의 충고자는 자기 자신이다!

글쓰기 입문서가 당신에게 분명 도움이 되긴 하지만 최고의 충고자는 늘 자기 자신이다. 예를 들어, 어떤 글쓰기 책은 글을 쓰기 전에 전체 구조를 먼저 잡는 것이 가장 좋다고 말한다. 하지만 어떤 사람에게는 구조 같은 것은 잡지 않고 이야기를 마구 쏟아 놓은 뒤 다시 보면서 교정하는 방법이 가장 좋을 수도 있다. 전문가의 말이라도 자신과 맞지 않으면 무시하라. 전문가의 충고를 따르지 않는다고 해서 잘못하고 있다고 생각할 필요는 없다. 그러나 가장 적합한 방법을 찾을 때까지는 전문가의 말이나 주변 사람들의 조언을 따르는 것도 나쁘지 않다.

94 day
인생의 전환점

인생의 전환점, 변신, 터닝 포인트, 탈바꿈 등 변화와 관련된 경험은 훌륭한 글감이 된다. 살아오면서 당신을 변화시킨 가장 중요한 경험에 대해 글로 써 보자. 그 경험을 중심으로 전과 후가 어떻게 달라졌는지에 대해 독자가 분명히 알 수 있도록 써야 한다.

1과 10 사이에서 숫자 하나를 선택하라. 여기 변화에 관하여 당신의 인생 이야기를 시작할 단어가 있다.

1. 지금부터
2. 오래전
3. 그토록
4. 언제나
5. 다시는
6. 이제
7. 절대
8. 오늘부로
9. 모든 것
10. 한 번도

 이제 10분 안에 글을 써 보자.

글쓰기 Tip

글이 막히면 때로는 시간을 두고 살펴보라!
글을 쓰다가 막히는 부분이 생기면 봉투에 넣은 뒤 적어도 3주 동안 열어 보지 마라. 시간이 지난 뒤 봉투를 열면 좀 더 신선한 시각과 새로운 방법으로 접근할 수 있을 것이다. 일반적으로는 매일 글을 쓰는 게 좋지만 종종 글을 쓰는 단계에 따라 약간의 시간을 두는 것이 좋을 때도 있다.

95 day
20분 글쓰기

지금껏 충분히 연습해 왔으니 글을 쓰는 시간을
조금 더 늘려도 어렵지 않을 것이다.
글 쓰는 시간을 10분에서 20분으로 늘려 보자.
그리고 시력 검사표의 측정 범위를 벗어난
사람에 대한 이야기를 써 보자.

문장의 시작: 시력 검사표의 측정 범위를 넘어선 사람이 있다.

1과 20 사이에서 숫자 하나를 선택하라. 여기에 시력 측정 범위를 벗어난 사람이 있다.

1. CEO
2. 전 미스코리아
3. 종교 지도자
4. 의사
5. 연예인
6. 형사
7. 과학자
8. 조폭
9. 정치 만화가
10. 정치가
11. 범죄자
12. 어머니
13. 아버지
14. 할아버지
15. 선생님
16. 경비원
17. 변호사
18. 세일즈맨
19. 생활 보조금을 받는 소녀가장
20. 탐험가

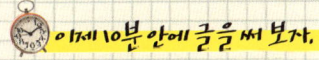
이제 10분 안에 글을 써 보자.

글쓰기 Tip

글을 보는 데는 안목이 필요하다!
글을 보는 데도 시력이 필요하다. 여기서의 시력이란 시력 검사표로 측정하는 시력을 말하는 것이 아니라 글을 보는 안목을 말한다. 글을 보는 안목을 키우기 위해서는 먼저 무조건 많이 읽어야 한다. 다양한 글을 접하다 보면 글에 대한 안목도 당연히 넓고 깊어진다. 안목을 넓히는 작업은 단기간에 이룰 수 있는 것이 아니다. 꾸준히 읽고 쓰고 생각하면서 넓혀 나가야 한다는 것을 명심하자.

96 day
관광지에 대하여

세계적으로 유명한 관광지는 이야기의 훌륭한 배경이 된다.
어떤 글의 경우에는 배경이 되는 장소가 주인공만큼 중요할 수도 있다.
당신에게 이야기의 배경이 될 일반적인 장소가 주어질 것이다.
그러나 이야기에서 주도적인 역할을 할 구체적인 세계 명소를
선택하는 것은 당신의 몫이다.

🔖 1과 10 사이에서 숫자 하나를 선택하라. 여기에 이야기의 배경이 될 일반적인 장소가 있다.

1. 해변

2. 역사적 기념물

3. 박물관

4. 산

5. 사막

6. 유명인의 집

7. 조각품

8. 놀이공원

9. 축제

10. 건축물

 이제 10분 안에 글을 써 보자.

> 글쓰기 Tip

자신만의 글쓰기 강령을 만들어라!
기업과 재단은 전 세계에 걸쳐 필요한 지역을 점유하고 그곳을 차별화하기 위해 자신들만의 강령을 만든다. 당신도 자신만의 글쓰기 강령을 만들어 보라. 강령에는 목표와 지침이 포함되어야 한다. 간단하게 만들어 필요할 때마다 적절히 조정하라. 그러면 글쓰기에서 당신만의 세계를 확보할 수 있을 것이다.

97 day
준비됐든 안 됐든

빨간 펜을 찾아 종이 여기저기에 자음 'ㅇ'을 열 번 쓴다.
그런 다음에 아무 곳에나 '안 됐든'이라는 말을 쓴다.
이때 다른 'ㅇ'과는 붙지 않아야 한다. 그러면 다음 그림과
같은 모양이 될 것이다. 이때 자음 'ㅇ'으로 시작하는
단어 열 개를 적어 보자. 이미 종이에 빨간 펜으로
'ㅇ'을 적었으므로 그 뒤로 이어지는 철자만 적으면 된다.
이제 모든 것이 준비되었다. 그 종이를 꽉 채우는 글을 써 보자.

1과 10 사이에서 숫자 하나를 선택하라. 여기에 'ㅇ'으로 시작하는 열 개의 단어가 있다. 순서에 상관없이 열 개의 단어를 모두 종이에 채워 넣고 모든 단어가 이어지는 글을 써 보자. 또한 '안 됐든'이라는 말도 이야기에 포함시켜야 한다.

1. 아가미, 어물쩍거리다, 알레르기, 애인, 오스트레일리아, 요실금, 우유, 옥신각신, 원본, 염분

2. 외람되다, 오락가락, 운명, 외아들, 월경, 야단스럽다, 위자료, 아르바이트, 악취, 영혼

3. 오랑우탄, 오리온자리, 엎다, 아날로그, 약국, 얻어걸리다, 영수증, 요란하다, 외상, 오른뺨

4. 우스꽝스럽다, 에로스, 용접, 인공위성, 웨딩드레스, 오디션, 유출, 암세포, 어깨동무, 업둥이

5. 아궁이, 악마, 어쭙잖다, 야심, 열대과일, 요리사, 원인, 욕망, 움직이다, 안절부절못하다

6. 우왕좌왕, 욕보다, 웩웩거리다, 오로라, 아나운서, 애물단지, 어처구니, 안목, 앉은뱅이, 요즘

7. 아기, 어젯밤, 야경, 앵무새, 애물단지, 어설프다, 우편엽서, 이렇듯이, 연금, 운전면허

8. 우동, 언어장애, 아침, 어리다, 영웅, 오그리다, 온천, 우두커니, 임금, 일회용품

9. 인내심, 얼씨구절씨구, 아른거리다, 아웃사이더, 여보세요, 일사병, 인도, 이불, 원두막, 울림소리

10. 아낙, 아르바이트, 앉은뱅이, 알코올중독, 움츠러들다, 와그르르, 올림픽, 우등생, 욕구불만, 우주

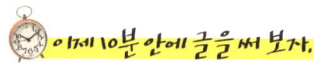

글쓰기 Tip

당장 글을 쓸 수 있는 의지를 가져라!
글을 쓸 수 있는 공간, 시간, 컴퓨터, 참고할 만한 책 등 모든 것이 준비되어야만 글을 쓸 수 있는 것은 아니다. 글을 쓰는 데 필요한 것은 지금 당장 글쓰기를 시작하려는 의지이다. 내일 다시 글을 쓰겠다고 의지를 불태우는 것은 소용없다. 중요한 것은 오늘 시간을 내어 글을 쓰고, 퇴고하는 것이다. 얼마 뒤에 할 것이라는 약속은 하지 않는 것이 좋다. 그래야 내일이라도 다시 글쓰기 작업을 좀 더 쉽게 할 수 있을 것이다.

98 day
인생의 징검다리

큰 타원형 세 개를 그려 보자.
각각의 타원형 안에 당신의 인생에서 일어난
에피소드를 써 보자. 세 개의 에피소드는
하나의 단어를 중심으로 전개된다.
이 방법이 마음에 든다면 징검다리와 같은
타원형을 여러 개 그려서 인생의
각 단계에서 일어난 짧은 글을 써 보자.

1과 10 사이에서 숫자 하나를 선택하라. 여기에 세 개의 징검다리에 전개될 에피소드의 중심 단어가 있다.

1. 노란색
2. 쿠키
3. 땀
4. 먼지
5. 지갑
6. 단추
7. 맥주
8. 휴대전화
9. 비
10. 지하철

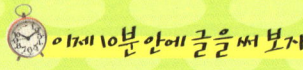
이제 10분 안에 글을 써 보자.

글쓰기 Tip

꿈에 한 발 다가가는 희망의 징검다리를 만들어라!
글을 잘 쓰게 되면 이루고 싶은 희망 사항 중 한 가지를 고르고 종이 상단에 그 꿈을 위해 24시간 안에 할 수 있는 일을 하나 적어 본다. 그 밑에 목표를 이루기 위해 일주일 동안 할 수 있는 일을 또 하나 적는다. 그리고 나서 그 다음 주 일주일 동안에 할 수 있는 일이 무엇인지를 쓴다. 당신의 꿈이 이루어지는 데 필요한 중요한 징검다리를 모두 다 열거할 때까지 이 작업을 계속한다. 그리고 모든 단계가 적힌 리스트 중 첫 번째 징검다리만 보이게 종이를 접는다. 먼저 이 한 가지를 성취하면 그 다음 징검다리만 보이게 종이를 편다. 한 번에 하나의 징검다리만 디딤으로써 당신을 현재에 머무르게 하는 동시에 앞으로 나아가게 해 줄 것이다.

99 day

위기의 정체

몇 주 전부터 당신에게 이상한 전화가 걸려 오기 시작했다. 수화기 너머에서는 기분 나쁜 소리가 들리고 발신자 번호는 모두 다 '0'번이다. 처음에는 철없는 10대의 장난일 거라고 생각했다. 그런데 얼마 뒤 전화기에서 들렸던 소음이 당신의 집 안과 집 주변에서 들리기 시작한다. 특히 한밤중에 더욱 뚜렷하게 들린다. 어떤 방법을 취해도 그 소리에서 벗어날 수가 없고 소리가 어디에서 나는지도 알 수 없다. 원래 당신은 피해망상증이 없었는데 이제는 확실히 위기에 처해 있다고 느끼기 시작한다. 당신은 계속되는 불안 속에서 잠을 이루지 못한다. 정신을 집중하거나 생각을 가다듬을 수도 없다. 경찰에 신고하고 싶지만 당신 외에는 그 누구도 소리를 듣지 못하기 때문에 신고해 봤자 경찰의 비웃음만 살 것 같다. 당신은 어떤 일이 닥칠 경우를 대비해 모든 것을 기록하기로 결심한다.

```
발신자 번호
000-000-0000
```

1과 10 사이에서 숫자 하나를 선택하라. 여기 당신의 기록에 사용되어야 하는 동음이의어 목록이 있다.

1. 구하다-찾아서 얻다
   구ː하다-어려움에서 벗어나도록 도와 주다

2. 한데-한곳에
   한ː데-바깥, 밖

3. 원수-군인 가운데서 가장 높은 계급
   원ː수-해를 끼치어 원한이 되는 사람이나 물건

4. 연기-정해진 기한을 뒤로 돌려서 늘림
   연ː기-배우가 무대에서 보이는 말이나 몸짓

5. 부인-시집간 여자를 높이는 말
   부ː인-어떤 내용이나 사실을 옳거나 그러하다고 인정하지 아니함

6. 거리-길거리
   거ː리-두 곳 사이의 떨어진 정도, 사람과 사람 사이에 느껴지는 간격

7. 재판-옳고 그름을 살펴서 판단함
   재ː판-이미 찍어 낸 책 등을 다시 찍어냄

8. 회-횟수를 나타내는 말
   회ː-고기나 생선 따위를 날로 잘게 썰어서 먹는 음식

9. 조화-서로 잘 어울림
   조ː화-만물을 창조하고 기르는 대자연의 이치 또는 그런 이치에 따라 만들어진 우주

10. 고장-나거나 자라는 곳
    고ː장-기계 따위가 잘 움직이지 않음

이제 10분 안에 글을 써 보자.

00-000-0000   000-000-0000   000-000-000

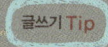
글쓰기 Tip

글을 쓰는 자신에게 보상을 해 주어라!
목표한 글을 끝까지 완성했다면 자신에게 그 대가를 지불하라. 가장 좋아하는 디저트를 먹거나 가까운 곳으로 여행을 가는 것도 좋은 방법이다. 이렇게 자신에게 보상을 하면 성취감을 느낄 수 있을 뿐 아니라 글을 쓰는 매력에 푹 빠지게 된 당신을 발견할 수 있을 것이다.

100 day
열린 문

"한쪽 문이 닫히면 다른 한쪽 문이 열리기 마련이지만 우리는 아주 흔히 우리를 위해 열린 문을 보지 못한 채 닫힌 문을 안타까운 마음으로 한참 동안 바라본다."

−헬렌켈러

당신이 이 책의 마지막 글쓰기 연습문제를 마지막이 아닌 성장을 계속하는 또 다른 시작의 기회로 삼기를 기원한다. 이번 연습은 닫혀 가는 문에 초점을 두는 것이 아니고 열린 문을 생각하는 것이다.

1과 10 사이에서 숫자 하나를 선택하라. 여기에 문과 관련된 문장이 있다. 이 문장을 이용하여 마지막 글을 완성하라.

1. '당신의 미래'라고 쓰인 문을 열기 전에 나는 망설였다.
2. 두 눈을 감고 문을 그려 보았다.
3. 나는 아주 멋진 대문이 있는 집에서 살았다.
4. 나는 그 문을 오래도록 열어 둘 것이다.
5. 그는 문손잡이를 돌릴 때마다 항상 그 생각을 했다.
6. 내가 열고자 하는 희망의 문은 바로 이것이다.
7. 바닥에 문이 있는 줄 알았더라면 우리 중 하나는 그리로 내려갔을 것이다.
8. 당신에 대한 내 마음의 문은 언제나 열려 있다.
9. 현관문을 잠그고 또 잠궜다.
10. 그녀는 하루 종일 문 앞에 서 있었다.

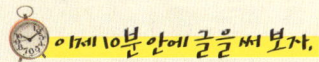
이제 10분 안에 글을 써 보자.

글쓰기 Tip

이 책을 열 번 보아라!
100일 동안 수고가 많았다. 이 책은 연습문제를 열 번 또는 어떤 부분은 그 이상 반복한 뒤에야 다 보았다고 말할 수 있다. 따라서 처음부터 끝까지 다했을지라도 바로 책을 처음부터 다시 펴고 글을 쓰는 연습이 주는 재미를 다시 한 번 느껴 보길 권한다. 이 책을 열 번 정도 본다면 창의적인 글쓰기에서 최고가 될 수 있을 것이다.